Existência em Decisão

Coleção Debates
Dirigida por J. Guinsburg

Equipe de realização – Revisão: Rosane Scoss Nicolai; Produção: Ricardo W. Neves, J. Augusto Nascimento e Adriana Garcia.

ricardo timm de souza
EXISTÊNCIA EM DECISÃO

UMA INTRODUÇÃO AO PENSAMENTO
DE FRANZ ROSENZWEIG

Direitos reservados à
EDITORA PERSPECTIVA S.A.
Av. Brigadeiro Luís Antonio, 3025
01401-000 – São Paulo – SP – Brasil
Fone: (011) 885-8388
Telefax: (011) 885-6878
1999

A meu pai, que viveu o século XX,
in memoriam.

*Aos amigos de sempre Ansgar Fleischer,
Martin Eisermann, Isabel
Tyroller, Georg e Laura Firmino-Tschirdewahn,
Hannelore Oesterle-Schindler, Roland Schindler, Dirk Mayer
e Alwin Letzkus, e às novas gerações.*

Aos meus alunos e alunas.

SUMÁRIO

Abreviaturas 11

Prefácio 13

1. Introdução – a Intuição Original 21
2. O Contexto: a Biografia 29
3. O Problema: a Situação Histórico-Intelectual de Rosenzweig 35
4. A Construção: a Obra 41
   Preâmbulo: sobre a Compreensão da Obra de Rosenzweig 41
   As Bases da Crítica: História e Filosofia 43
   A Crítica da História 50
5. A Estrela da Redenção e o Novo Pensamento: Interior e Formas 55

Introdução 55
As Formas de Desdobramento do Novo Pensamento:
   Breve Análise da Estrutura da Estrela 62
Conclusões 99

6. A Estrela da Redenção e o Novo Pensamento: Exterior e Conteúdos 101
    O Difícil Ponto de Partida: A Morte e a Origem da Experiência 102
    A Não-Unidade Fundamental de Ser e Pensar 105
    O Conceito de "Experiência" – do "Pensamento Metalógico" ao "Pensamento Experiencial": o Sentido dos Protofenômenos 112
    O Núcleo Filosófico: a Temporalidade como Fundamento Radical da Experiência do Real 119
    Síntese Recapitulativa: Acontecimento e Revelação 124
    Conclusões – a Irrupção do Instante e a Exigente Construção da Verdade 131

7. Como Conclusão – o Tempo, a Existência e o Instante de Decisão 133
    Contemporaneidade e Desagregação 135
    Vida 136

Bibliografia 141

ABREVIATURAS[1]

I. Obras de Franz Rosenzweig

GS   *Gesammelte Schriften*
SE   *Der Stern der Erlösung*
ND   "Das neue Denken" (in: *KS*)
BÜ   *Das Büchlein des gesunden und kranken Menschenverstandes*
UZ   "Die Urzelle des Stern der Erlösung" (in: *KS*)
KS   *Zweistromland – Kleinere Schriften zu Glauben und Denken*
HS   *Hegel und der Staat*

II. Outras Obras

OF   CASPER, Bernhard. "Offenbarung in Franz Rosenzweigs 'erfahrendem Denken'"

---

1. Ver Bibliografia para uma elucidação da localização de cada obra citada no conjunto da obra do filósofo, bem como referências mais completas das obras de Rosenzweig e da literatura crítica.

SO	Mosès, Stéphane. *System und Offenbarung*
KE	Casper, Bernhard. "Korrelation oder ereignetes Ereignis? Zur Deutung des Spätwerkes Hermann Cohens durch Franz Rosenzweig"
ED	Schmied-Kowarkzik, Wolfdietrich. *Franz Rosenzweig – Existentielles Denken und gelebte Bewährung*
PDE	Mayer, Reinhold. *Franz Rosenzweig – Eine Philosophie der dialogischen Erfahrung*

PREFÁCIO

> *A grandeza de uma filosofia avalia-se pela natureza dos acontecimentos aos quais seus conceitos nos convocam, ou que ela nos torna capazes de depurar em conceitos*
>
> G. Deleuze & F. Guattari[1]

A obra de Franz Rosenzweig, virtualmente desconhecida no Brasil[2], atrai há algum tempo crescentemente a atenção filosófica em nível mundial, especialmente após o Congresso organizado por ocasião do centenário de seu nascimento

---

1. *O que é a Filosofia?*, p. 47.
2. A *Estrela da Redenção* – a obra maior de Rosenzweig – foi já traduzida aos seguintes idiomas: hebraico (1970), inglês (1970), francês (1982), italiano (1985) e espanhol (1998). Tivemos uma breve introdução ao pensamento do autor e à tradução parcial, em 1970, de "Das neue Denken", por J. Guinsburg, na compilação por ele mesmo organizada sob o título de *O*

(Kassel, Alemanha, 1986)³. Percebe-se em círculos cada vez mais amplos a sua extrema importância enquanto construção intelectual *precursora* de toda uma vasta corrente de pensamento que, esboçando-se na virada do século passado, alcança seu apogeu em torno de meados deste século. Esta corrente de pensamento, este amplo caudal, desdobra-se após em uma série de novas construções que têm em comum a *consciência radical* da temporalidade e da finitude humanas enquanto *determinantes* existenciais de toda a possibilidade de pensar a realidade, e que convergem para a compreensão do processo de desarticulação dos grandes paradigmas culturais hoje vivenciado de forma inequívoca – esta *desagregação do sen-*

Judeu e a Modernidade (São Paulo, Perspectiva, 1970). Rosenzweig é, entre nós, eventualmente citado em histórias da filosofia e em outras obras traduzidas (cf., por exemplo, Michel Löwy, *Redenção e Utopia*; Christian Delacampagne, *História da Filosofia no Século XX* etc.). Ao que saibamos, o único livro de fácil acesso que dispensa alguma atenção ao autor é a interessante e meritória compilação de Bernardo Sorj e Monica Grin, *Judaísmo e Modernidade – Metamorfoses da Tradição Messiânica* (cf. *op. cit.*, pp. 165-181), oferecendo ao leitor uma breve introdução e uma seleção de textos. Consta ali, porém, que Rosenzweig teria se convertido ao cristianismo, reencontrando-se, após, com o judaísmo (cf. *op. cit.*, p. 165), o que contradiz a documentação disponível, já que Rosenzweig não chegou a se "converter" ao cristianismo, diferentemente de seu primo Ehrenberg e de seu amigo Rosenstock-Hussy (cf. a respeito da questão da "quase-conversão" de Rosenzweig: R. Mayer, *Franz Rosenzweig – Eine Philosophie der Dialogischen Erfahrung*, pp. 19 e ss; Hans-Jürgen Görtz, "Der Tod als krisis geschichtlicher Synthese", in: G. Fuchs-H. H. Henrix, *Zeitgewinn – Messianisches Denken nach Franz Rosenzweig*, p. 94 etc.).

3. O primeiro livro sobre a filosofia de Rosenzweig foi escrito por Else Freund, *Die Existenzphilosophie Franz Rosenzweigs*, Hamburg, 1933. O advento do nazismo fez com que apenas em 1959 tivesse lugar uma nova tiragem desta obra importante. A obra de Rosenzweig permanece viva, no período em torno à guerra, praticamente apenas de forma fragmentária, em escritos testemunhais de amigos e colegas. O estudo filosófico de Karl Löwith ("Martin Heidegger and Franz Rosenzweig, or Temporality and Eternity", in: *Philosophy and Phaenomenological Research 3*, 1942, pp. 53-77) e o estudo biográfico de Nahum Norbert Glatzer (*Franz Rosenzweig. His Life and Thought*, New York, 1953), marcam o reinício do interesse pelo autor. Este interesse cresce, após a guerra, inicialmente em Israel, e depois na Europa, especialmente na Alemanha, com os trabalhos de R. Mayer, B. Casper e H. G. Görtz. Na França deu-se a recepção de Rosenzweig principalmente através da obra de Emmanuel Levinas e dos estudos de Stéphane Mosès.

tido de toda uma ampla perspectiva civilizatória, este desassossego e inadiável "mal-estar da cultura" e da civilização. A produção de Rosenzweig apresenta-se mais e mais seja como *origem*, seja como *coetânea* destas construções; de qualquer modo, *antecipa* ou se dá simultaneamente ao desdobramento de algumas das grandes intuições de pensadores tão diversos como de Ortega y Gasset, Adorno, Benjamin[4], Bergson, Heidegger, Sartre, Merleau-Ponty, Wittgenstein, Levinas, entre outros. Trata-se de uma obra que, no dizer de Nahum Norbert Glatzer, "toma o ser humano no exato ponto em que Kafka o abandonou"[5] e o conduz a um nível inusitado de *autoexperienciação*. Penetra a fundo nas razões da racionalidade idealista para descobrir, como Schopenhauer, Kierkegaard, Nietzsche e o último Schelling, por exemplo, as suas autolimitações e insuficiências totalizantes; diferente porém destes, encontra-se envolto por uma circunstanciação histórica única, a da assimilação da virada do século XIX e de seus percalços (assimilação essa que, aliás, tantos frutos irá ocasionar[6]) e a da vivência de uma guerra sem precedentes – e não é em um gabinete asséptico e neutro, mas enquanto soldado no front dos Bálcãs, e no cara-a-cara com a morte real que o essencial de sua obra maior *Der Stern der Erlösung* (*A Estrela da Redenção*) – esta obra ímpar na história do pensamento do século XX e que sintetiza todo o seu percurso intelectual – é efetivamente escrito.

Eis, então, a motivação original e primeira deste trabalho: chamar a atenção, entre nós, para este filósofo notável – sem dúvida, dos maiores deste século, injustamente desconhecido – desde as linhas mestras e as intuições básicas do conjunto de seu variado pensamento.

* * *

4. A respeito da grande influência de Rosenzweig, especialmente da *Estrela da Redenção*, sobre Walter Benjamin, cf. S. Mosès, *System und Offenbarung – Die Philosophie Franz Rosenzweigs* (SO), p. 70, nota 26.
5. Nahum Norbert Glatzer *in: Das Büchlein des Gesunden und Kranken Menschenverstandes* (BÜ), Introdução do Editor, pp. 20-21.
6. Cf. Ricardo Timm de Souza, *Tensão e Construção – Cultura e Descoberta do Novo em Kafka, Freud e Benjamin*.

Esta é, como o próprio título indica, apenas *uma* das muitas introduções possíveis a este pensamento. Não pretende repassar ao leitor o brilho invulgar e a capacidade criativa das obras originais, ou o entrelaçar único de conceitos complexos que formam o seu tecido intelectual, ainda menos pretende sobrevoar hermeneuticamente a infinidade de instantes significativos que configuram a densidade desta obra – com relação à qual, como em toda grande obra, nenhuma explicação substitui o contato imediato – na intenção precária de oferecer algum tipo de visão exaustiva do pensamento de Rosenzweig em suas muito variadas (e em boa parte ainda insuspeitas ou pouco desenvolvidas) significações possíveis. Nas proporções em que o presente trabalho se propõe, qualquer tentativa no sentido acima descrito não teria como conseqüência senão o desvirtuar precisamente do que, em princípio, deveria pretender oferecer qualquer introdução ao pensamento de um determinado autor: oferecer ao leitor, até mesmo pela forma de articulação dos temas apresentados, a possibilidade de se sentir instigado, insistentemente *convidado* a se aproximar da obra em referência. Nenhuma introdução se pode substituir ao mundo intelectual que pretende introduzir, ou seja, pode ocupar apressadamente espaços indevidos; e, mais do que nunca, isto é verdade no caso presente – como é verdade o fato de que toda introdução a um determinado autor tem de ser, necessariamente, uma introdução *cultural* ao autor. Com Levinas, aprendemos a necessidade e as dificuldades de tentar pensar "para além do patético"; provavelmente com autor algum da filosofia isto é tão necessário como com Rosenzweig. Que sua insistência no *propriamente existencial* da experiência supera qualquer composição meramente "individual-existencialista", individualista, fragmentária, saudosista, às voltas com precários restos de certezas fugidias: eis uma lição difícil e um dos mais nucleares e decisivos aspectos desta obra. À abundância dos temas e das intuições deve corresponder em primeira linha, ao intérprete, a preocupação com o essencial: a parcimônia temática, que não significa pobreza mas, antes, capacidade de distinção e *contraponto* sugestivo de idéias, impõe-se a um projeto da natureza de nossa introdução, exatamente para que a grandeza da obra não seja falseada.

Assim, a parcimônia das idéias propostas em termos quantitativos pretende em seu conjunto justamente isto: encorajar o leitor a prosseguir no desdobramento *qualitativo* desta obra imensa em conteúdo e significado. Pois existem muitas maneiras e perspectivas de aproximação da obra do filósofo de Kassel: considerando-o como espírito do tempo, filósofo da história, filósofo da cultura, filósofo da religião, judaísta, historiador da filosofia ou até como exemplo singular de ser humano que, atingido por doença mortal, totalmente paralisado e sem voz, continua a pensar e a produzir com energias sobre-humanas até sua morte prematura aos quarenta e três anos de idade. E cada uma destas perspectivas de aproximação traria, sem dúvida, vantagens e desvantagens de abordagem. Tivemos, todavia, de optar; e o fizemos no sentido que julgamos mais proveitoso exatamente para o leitor brasileiro contemporâneo que, às voltas com a *intensidade* do momento vivido, não se deixa seduzir por facilitações precárias ou por provincianismos intelectuais mas, antes, reivindica legítima e crescentemente a penetração no essencial, na *responsabilidade* do pensar – pensar *de raízes* como pensar *de futuro* – ou seja, para além da pura facticidade e negatividade do desencanto e da fragmentação. A uma situação de *crise* em todos os sentidos – mas crise profícua, no sentido mais original do termo – que assuma validez o estímulo a um autor que, em uma outra época, *viveu a crise* e a *anteviu* em boa parte, a grande crise humano-civilizatória, a grande crise paradigmática do século XX em que todos vivemos, de que somos todos herdeiros e que não podemos ignorar, sob pena de abdicarmos de nossa tarefa única e insubstituível da construção do *sentido* nas fronteiras extremas da contemporaneidade em suas inquietações mais profundas. O pensamento de Rosenzweig, como os tempos presentes, não tolera meios-termos enfastiados ou meios-tons intelectuais que só servem para edulcorar falsamente a superficialidade e conseqüentemente dificultar a compreensão da desagregação dos alicerces deste século difícil[7],

---

7. Cf. Ricardo Timm de Souza, *Totalidade & Desagregação. Sobre as Fronteiras do Pensamento e suas Alternativas*, Porto Alegre, Edipucrs, 1996, pp. 101 e ss.

para finalmente descultivar as *novas* raízes de sentido que (sobre)vivem em meio ao frenetismo e às cores suicidas; este pensamento exige radicalidade porque *é* radicalidade, raiz *exposta*, sem medo desta exposição. Trata-se, antes de tudo, de uma obra eminentemente *difícil*, como difíceis eram os seus tempos de surgimento e os tempos que correm. Rosenzweig, em uma ousada lição aos contemporâneos, expôs-se completamente, mergulhou na complexidade única de seu tempo específico com sua crise específica e de lá emergiu com uma *proposta* de compreensão e de construção. Tentar compreendê-la significa para nós, antes de tudo, entender que a *compreensão do presente ainda não se esgotou* em meio ao desencanto com o passado: esta compreensão apenas começa – o futuro apenas começa –, e a profundidade do pensamento do filósofo de Kassel faz de nós cúmplices nesta tarefa ousada, complexa e absolutamente inadiável.

Assim, em outros termos, este é o espírito geral desta Introdução: ela pretende ser, acima de tudo, *contemporânea*, ou seja, pretende que a contemporaneidade se deixe, de alguma forma, divisar por entre suas entrelinhas e, mesmo, na ordem específica de apresentação dos temas. O discurso irá acompanhar as grandes linhas e as grandes intuições do pensamento de Rosenzweig, sem, por isso, se inclinar à sua especificidade narrativa enquanto "bloco filosófico" – mas este bloco, este imenso peso estará sempre sugerido; encorajada será, a cada momento, a sua plena abordagem.

E, assim, esboça-se uma outra perspectiva desde a qual esta Introdução foi composta: aquela de introduzir ao "sentido" desta obra original enquanto testemunho de toda uma era. Pretende-se talvez, antes da introdução à letra, uma introdução justamente às entrelinhas, ao "espírito" que viceja por entre as palavras, que perpassa os variados temas e que povoa o tom assertórico do autor em estudo. E por aí se percebe, com segurança – e não obstante toda a grande distância cultural que se estabelece entre o autor e nós – a extrema *proximidade* que o seu pensamento testemunha em relação, exatamente, *a nós*, a proximidade que une os que habitam tempos em mutação. Que esta proximidade se torne muito claramente visível: eis o objetivo final e maior deste trabalho.

* * *

As bases bibliográficas deste livro foram coligidas durante um período de estudos na Universidade de Freiburg, Alemanha, no verão de 1997. O produtivo contato acadêmico com meu ex-orientador e conhecido especialista em Rosenzweig, Prof. Dr. Bernhard Casper (que acompanhou, além disso, os diversos passos da confecção deste estudo), foi de inestimável valia para a organização do material disperso de que já dispunha, bem como para o delineamento de algumas linhas de pesquisa desenvolvidas ao longo deste trabalho. Além disso, o Prof. Casper disponibilizou-me gentilmente material de difícil acesso relacionado a temas da vida e do pensamento deste pensador, incluindo uma fita de vídeo contendo a entrevista por ele realizada com a viúva de Rosenzweig, Edith Hahn-Rosenzweig, em 1979, por ocasião do cinqüentenário da morte do filósofo – uma excelente porta de passagem das letras às pessoas. Pelo auxílio prestado e confiança depositada em minha capacidade de trabalho, sejam aqui expressos os meus melhores agradecimentos ao Prof. Casper.

1. INTRODUÇÃO – A INTUIÇÃO ORIGINAL

> *Após ela (a filosofia) haver recolhido tudo em si... o ser humano descobre subitamente que ele... ainda está aqui... Eu, pó e cinzas, eu ainda estou aqui.*
>
> KS, p. 359.

Em resposta à oferta de Friedrich Meinecke no sentido de uma habilitação à Universidade de Berlim, escrevia Franz Rosenzweig em 1919:

> Para mim, não é qualquer questão que é digna de ser questionada. A curiosidade científica, como a estética... não mais me contentam (*füllen*) hoje em dia. Eu questiono apenas lá onde eu sou *questionado*. Por *pessoas* sou questionado, não por sábios, não "pela ciência"[1].

---

1. Cf. citação de W. Schmied-Kowarzik, Franz Rosenzweig – *Existentielles Denken und gelebte Bewährung*, (*ED*), Freiburg/München, Alber, 1991, 46.

No fim deste século, neste fim de século em que as essências tendem a se esvanecer em imagens fugazes da abstração atropeladas pela facticidade frenética e pelas energias do movimento e da velocidade[2], cumpre certamente à filosofia a *reconsideração radical* exatamente do – *essencial*. Esta é condição de sua sobrevivência, mas não apenas condição de sobrevivência *dela*, filosofia, mas, antes, de tudo o que lhe deu origem, da vida e do ser humano como intérprete da existência – vida, existência e humanidade ameaçadas por aquilo que se poderia chamar o *grande paradoxo da falsa infinitude*. Este paradoxo se compreende a partir da percepção de que se vive e sobrevive em um mundo que *age como se fosse infinito e dispusesse de infinitos recursos* quando, na verdade, os limites de seu trofismo e de seu correspondente delírio encontram-se há muito à vista de seus olhos. Para uma tradição que tudo sacrifica em nome de uma racionalidade específica coletiva – *animale rationale* – tais indicativos não são sintomas de grande saúde; antes indicam que a racionalidade exercida provém de *outras fontes* do que aquelas sugeridas pelo otimismo cínico ou ingênuo – a saber, provêm de um impulso original de totalização absoluta do Ser forte em sua solidão e na obsessão pela resolução final daquilo que se pode chamar e temos chamado a *fórmula original do Ocidente*, a fórmula de equalização do diferente $[x=y]:[x=x]$[3]. E é devido a esse impulso, sem dúvida prototipicamente "racional", como já tentamos demonstrar em outra parte[4], que os atuais impasses da humanidade tornaram-se globais: por um sistema econômico que suga toda a energia da humanidade e a transforma em seu próprio combustível; por uma visão de mundo que fatalmente afogará a terra e a vida com o lixo que produz em

---

2. Cf. Paul Virilio, *Velocidade e Política*, bem como nosso estudo a respeito em Ricardo Timm de Souza, *O Tempo e a Máquina do Tempo – Estudos de Filosofia e Pós-Modernidade*.
3. Temos desenvolvido esta tese em estudos isolados e em nossa *Pequena História da Filosofia como História da Totalidade e de sua Ruptura*, em elaboração.
4. Cf. Ricardo Timm de Souza, "Sistema e Totalidade: sobre Idealismo, Cientificismo e Totalização no Contexto da Ecologia e da Filosofia da Natureza", pp. 96 e ss.

nome do progresso, caso seu exercício insano não seja detido; pelo desespero demonstrado pela Totalidade com o anúncio da mera possibilidade do Novo. Os impasses aos quais a humanidade se conduziu, este impulso francamente suicida que é simplesmente o resultado de um acúmulo constante de patologias e de sacrificialismos aos deuses babilônios a quem os babilônios queimavam crianças em honra (mas os babilônios ricos compravam as crianças dos babilônios pobres, para não ter de sacrificar as suas), sacrifícios à pureza das raças (a quem se tem sacrificado, entre outras coisas, a alteridade pura e simples da existência), à eternidade de um presente aprisionado em si mesmo, não fazem nem ao menos justiça a uma vibrante e psicanaliticamente digna disputa entre Eros e Tanatos, ou entre Ormuz e Ahriman: simbolizam simplesmente, ainda *antes das dualidades*, a antropofagia e autofagia da *solidão*, da Verdade, do Ser, aquele ser em que os filósofos têm quase sempre hipotecado sua confiança ilimitada. Não é apenas uma cultura que está prestes a desabar, mas todo um imenso paradigma civilizatório – poderíamos pensar em um paradigma lógico-lingüístico –, de essência, no fundo, atemporal e estática, que já não se suporta, ou antes, que não mais é suportado seja pela mera possibilidade de pensar o futuro efetivamente *temporalizado*, seja pelo externo, pelo diferente, pelo *irregular*, pelo Não-ser, pelo *Outro*. Não o "outro" ajaezado de exotismos culturalistas ou frenetismos energéticos, mas aquele Outro que tantas correntes de pensamento tanto têm investido no sentido de reduzi-lo a pó, não bastassem todos os esforços da história nesse sentido; pois trata-se da mais pura expressão dos *limites* de um mundo "completo", mas um mundo completo – repetimos – que *já não se suporta* – sendo esta insuportabilidade sua face presente mais visível. A Alteridade dá-se, fundamentalmente, como *subversão do meramente fático enquanto processo eterno – não-temporal – de autolegitimação*. Possibilidade de subversão completa dos tempos autofágicos: inauguração de um tempo em que a palavra "subversão" deixará de ser perigosa.

É neste contexto que se insere a obra de Franz Rosenzweig. A sua intuição fundamental, a sua descoberta, que habita cada vírgula de seu pensamento nas mais diferentes órbitas e campos, é a convicção de que uma das conseqüências inevitáveis da solidão enquanto expressão de Verdade, de Mundo, de Ser, é o auto-devorar-se, alimentar-se finalmente de si mesmo como se alimenta do que não é ele. Em outros termos: o bloco da Totalidade, habitado pelo Ser enquanto Unidade de Sentido na qual tudo o que é diferente acaba de uma ou de outra forma finalmente subsumido, expressa não a leitura e a determinação pura e simples da "realidade" como tal, mas – apenas – *uma destas leituras*; e não a mais tolerante para com as aspirações profundas do ser humano. Compreender o Ser não como *necessidade absoluta*, mas como *possibilidade e potencialidade radicais* – desinstalando-o de seu eterno "presente lógico" e confrontando-o com sua própria insuficiência em termos de síntese absoluta: eis uma tarefa gigantesca que perpassa o conjunto da obra de Rosenzweig.

Qual é, então, a intuição primeira, aquela que, sempre à vista, sustenta em última análise todo o amplo edifício deste pensamento? Trata-se de perceber a possibilidade da *detenção* do processo trófico de unificação das dimensões da realidade – ou das *diferentes realidades* – em uma realidade única, *congelada*, em termos lógicos, em seu presente eterno no qual toda a virtualidade do passado e toda a possibilidade de futuro se contraem, uma realidade *frenética*, em termos ontológicos, em seu impulso violento e totalizante. Trata-se de opor (não através de um ato demiúrgico, mas através de um extremo esforço de *escuta* e síntese) à razão solitária uma razão para não creditar a ela, razão solitária, todas e absolutamente todas as esperanças de chegar ao real. Em contraponto à razão única, Rosenzweig descobre uma razão *plural ex origine* (a pluralidade não se refere a "fragmentos" de uma razão única "destroçada" ou implodida em seu roçar com a história: não se trata da razão única que se desarticula em micro-razões individuais e parciais, mas de uma pluralidade de razões com igual dignidade e igual *antigüidade*) ou, melhor expresso, de uma *verdade* que não subsume em si toda e qualquer possibilidade de o real ser verdadeiro e sim, antes, *encontra-se* com outra verdade ao fim e ao cabo, após todas as circunvoluções racionais, *tão verdadeira quanto ela mesma*.

A história do pensamento de Rosenzweig é a história do encontro com esta pluralidade, a qual abre à racionalidade, através do dramático encontro com a morte enquanto barreira final ao trofismo heterofágico da Totalidade, as dimensões reais da temporalidade e da espacialidade para além de um tempo e de um espaço monolíticos e auto-referentes, e pressupõe o desacoplamento radical (e não meramente lógico) entre o ser e o pensar. A teia de seus conceitos se constrói a partir do desdobramento, em diversas instâncias, desta pluralidade. *É apenas desde a perspectiva originária e originante desta pluralidade que tal pensamento pode ser compreendido;* se tal intuição original não é levada em conta, torna-se inútil o mergulho na intrincada teia que compõe a obra do filósofo de Kassel: a parcialização não substitui a multiplicidade, pois esta intuição constitui-se no *coração* desta obra, ainda que assumindo as mais diversas perspectivas e se desdobrando nos mais inusitados sentidos.

Qual é, agora, o sentido que podem tomar termos como "teologia" ou "religião" no corpo deste pensamento? Pois esta grande obra constitui-se, exatamente, em boa parte, na construção de um lugar epistêmico especial, onde estas categorias reencontram, de maneira clara, seu espaço no discurso filosófico amplo, mas de uma forma profundamente diferente daquela "normal" da tradição. Pois não se sente ali *nem* o ranço apologético de algum punhado de proposições intelectuais, *nem* a *separação* medieval que caracteriza o temor do sagrado, *nem* a intimidade idealista com a divindade profusa e dispersa nas manifestações do espírito do idealismo e do panteísmo ou o asco a tudo o que lembre qualquer tipo de transcendência e que vem a caracterizar tipicamente uma ampla vertente da modernidade racionalista-positivista-cientificista ou "pós-moderna". Há apenas uma naturalidade que reserva, para si, uma lógica precisa. Em outros termos, ao contrário do que possa parecer à primeira vista ou a um leitor mais apressado e impressionado com uma nomenclatura menos "laica" que o normal nas obras de filosofia, *não é necessário, absolutamente, ser um "crente" para compreender as intuições fundamentais de Rosenzweig* ou poder com ele dialogar – pelo menos não no sentido em que este termo é normalmente expresso; seria antes, paradoxalmente, *contra-indicado* partir de algum pressuposto deste gênero, pois seria necessário, para aquele que tem como ponto de partida o *mundo de sentido* no qual estes termos "religiosos" assumem sentido na tradição, antes "despir-se" exatamente deles para que este diálogo pudesse, ao menos, ter início. Pois a síntese desta obra – consubstanciada na obra maior *A Estrela da Redenção* – inicia exatamente com uma grande proposta de *des-crença* original e originante – descrença na capacidade de um Eu vir a sintetizar em si toda a realidade possível e imaginável ou na habilidade de uma Totalidade de sentido vir a fechar-se em seus próprios limites, ou, ainda, de a Verdade vir a se oferecer a algum espírito iluminado. A afirmação radical e a experiência tangível da qual este pensamento parte é aquela onde todos os delírios acabam: a indescritível experiência antevista da *própria morte*[5]. E tudo o que se segue, todos os argumentos que reivindicam espaço de validade, todo o discurso que se tece laboriosamente em torno à contínua e muito difícil percepção da recorrência real da *novidade*, todo este tecido intelectual tem sempre, como pano de fundo, preservar as idéias da tentação de *convergência* em um caudal único de sentido ou em uma escatologia de redenção fácil: o que *inicia plural – o especificamente humano* da humanidade – *tem de permanecer definitivamente plural*; nesta obra, nenhum conceito subsume ou é mais importante que a realidade recém-acontecida ou que *acontecerá no próximo e indevassável instante* que irrompe no corpo monolítico do Todo. O resto são sub-frutos da nostalgia idealista-materialista da Totalidade, ou seja, faces diversas de uma única e mesma moeda totalizante.

Neste trabalho, procuraremos nos aproximar paulatinamente da construção de Rosenzweig, a partir do exame contextualizado de seus elementos mais significativos – onde esta indeclinável intuição original de pluralidade permanece, sempre, como uma instância norteadora do estudo[6]. Mas a

---

5. Cf. *SE*, p. 3.
6. A tradução de Franz Rosenzweig coloca, ao tradutor, dificuldades muito especiais. Estas dificuldades advêm, em grande parte, da exuberância de seu estilo característico e inconfundível, e cujo resultado textual é uma

obra de Rosenzweig se descobre aos poucos e com prudência. Seus temas fundamentais exigem recorrentes aproximações, abordagem por diversos ângulos, reencontros em momentos diversos; as reapresentações de um mesmo tema não significam meras repetições, mas reenfoques em acordo com a necessidade, intrínseca ao conjunto da obra, de contínua *reapreensão* das intuições fundamentais e seus desdobramentos. É neste sentido que se organiza a relativa circularidade deste trabalho, bem como a divisão didática de seu núcleo – o estudo analítico da *Estrela da Redenção* e do *Novo Pensamento* – em duas grandes partes: uma primeira apresentação, de índole geral, das *formas*, e uma abordagem, de feição algo mais crítico-especulativa, dos *conteúdos* (sem que isto signifique a ausência de interpenetração entre as duas seções). Pois, se é verdade que cada grande filósofo pensa uma e apenas uma idéia infinitamente desdobrada, a aproximação desta "idéia", no caso de Franz Rosenzweig, é especialmente complexa quando se leva a sério um outro componente complicador: a indisfarçável *distância* que seu pensamento tomou em relação a nós, devido a fatores os mais diversos de índole histórica e cultural, examinados em seu devido tempo[7]. Além disso, a variedade dos temas impede, por si só, que todos sejam apresentados com profundidade homogênea; alguns destes temas, de anterioridade indiscutível para a compreensão da obra do autor, merecerão uma atenção concentrada e re-

---

combinação entre uma grande e intrincada *densidade de idéias* e uma *fluência muito viva, quase coloquial*, uma naturalidade de proposição *sem hesitações* ou pausas hermenêuticas, a qual contrasta de maneira quase agressiva com a profundidade do pensamento exposto. Embora estas características estejam especialmente presentes em obras mais "rápidas" – Cartas, textos curtos, O *Novo Pensamento*, O *Livrinho do Entendimento Humano São e Doente* – não deixam de se fazerem presentes na totalidade dos escritos do autor, identificando-o aliás imediatamente ao leitor avisado. Dada esta especial dificuldade, optamos aqui, no que cumpre à tradução de citações, frases, parágrafos e excertos ilustrativos e comentados da obra de Rosenzweig, por seguir o espírito geral desta introdução, ou seja, ressaltar, em primeiro lugar, a máxima clareza semântica possível, em detrimento geralmente do brilho expressivo da letra original.

7. Cf. abaixo: "O Problema: a Situação Histórico-Intelectual de Rosenzweig".

corrente, em detrimento de outros, considerados de menor decisividade para as linhas de inteligibilidade que pretendemos desenvolver. Nenhum aspecto relevante da obra de Rosenzweig será, porém, simplesmente negligenciado.

Em todo este tecido, porém, é fundamental a percepção da *irredutibilidade do expresso a seu conceito*, a grande desidentificação que permite o rompimento não só das grandes construções totalizantes idealistas, mas também de quaisquer outras totalizações que pretendam abarcar, em um número limitado de elementos, a ilimitação fundamental dos instantes passíveis de se tornarem, cada um, porta de entrada do Diferente da racionalidade identificante, o Novo real, não antevisto por nenhum sistema, e que todos os sistemas – ou o seu inverso, as grandes promulgações da neutralidade ou da amoralidade ou da supermoralidade[8] – têm objetivado inofensibilizar e reduzir finalmente a uma função sua.

---

8. Cf. "Nietzsche e a Festa da Totalidade" em nosso citado trabalho *Totalidade & Desagregação, op. cit.,* pp. 65 e ss.

2. O CONTEXTO: A BIOGRAFIA

> *O que é perturbador, angustiante, apaixonante para a maior parte dos homens nem sempre é o que ocupa o primeiro lugar nas especulações dos metafísicos*
>
> HENRI BERGSON[1]

Franz Rosenzweig nasce no dia de Natal de 1886, sugerindo já esta interessante datação a essência de boa parte da vida de nosso filósofo. Em verdade, nascido no seio de uma família de burguesia judaico-alemã bem estabelecida e assimilada[2], debater-se-á por longo tempo com a indecisão entre a conversão ao cristianismo – o caminho óbvio no processo

---

1. "A Consciência e a Vida" in: *Bergson* – Os Pensadores, p. 69.
2. Já um dos bisavôs paternos de Rosenzweig, Samuel Meir Ehrenberg (1773-1863) foi diretor da Escola Judaica de Wolfenbüttel. Esta escola, fundada em 1796 como Instituto para o estudo do Talmud, logo tornou-se, devido à influência das idéias de emancipação, um mero Ginásio judaico, no

de assimilação pré-Primeira Guerra Mundial (caminho já seguido por alguns de seus amigos – como Eugen Rosenstock – e parentes, como os caros primos Rudolf e Hans Ehrenberg) e o Judaísmo, tardiamente redescoberto e assumido após não pequena luta interior, a mesma luta que atinge, consciente ou inconscientemente, tantos de seus contemporâneos ilustres e que se expressará, em cada um, de forma tão diversa[3].

Filho único, mereceu as atenções devotadas de seu pai, Georg Rosenzweig, comerciante bem-sucedido e figura respeitada em seu meio, e de sua mãe, Adele Alsberg-Rosenzweig, a qual, "aberta a todas as dimensões da artisticidade, era a alma e o ponto de referência" do liberal lar da família[4], lar este que reproduzia a atmosfera burguesa da época e que cercava o futuro filósofo de "amor, beleza e conhecimento"[5]. Do cabedal espiritual do judaísmo de origem já fora quase tudo esquecido; a assimilação já conseguida emprestava à família segurança e independência, e sentiam-se em todos os sentidos afetos à cultura alemã e clássica cristã-ocidental – que conformou a mente do jovem escolar através dos conhecimentos adquiridos no Friedrichs-Gymnasium em Kassel[6].

Após o período escolar, decide-se o futuro filósofo, entusiasta da música, pintura e literatura, pelo estudo da medicina, a fim de contentar ao pai; muda logo de idéia, porém – já em 1905 vem a descobrir na História o seu verdadeiro campo de interesse, cujo estudo, todavia, vem a iniciar apenas em 1907, juntamente com a Filosofia. De 1908 a 1912 estuda em Freiburg, com exceção de um ano passado em Berlim. Tem como professores prediletos o filósofo Heinrich Rickert – neokantiano da Escola de Baden – e o historiador Friedrich Meinecke[7]. É sob a direção de Meinecke que inicia seu

---

qual aulas "modernas" vieram a substituir as disciplinas religiosas tradicionais. Cf. *SO*, p. 25.

3. Cf. nosso trabalho citado *Tensão e Construção*....
4. Cf. Reinhold Mayer, *Franz Rosenzweig – Eine Philosophie der Dialogischen Erfahrung*, (*PDE*), p. 9.
5. *Idem, ibidem*.
6. *Idem, ibidem*.
7. Ver abaixo: "A Crítica da História – A Influência de Friedrich Meinecke".

doutoramento, que versará a teoria do estado de Hegel e que somente será publicado, de forma ampliada, após a Primeira Guerra Mundial, sob o título de *Hegel und der Staat* (Hegel e o Estado)[8]. Esta obra, de grande complexidade, significa uma espécie de "adeus" ao Idealismo, não executado às pressas ou sem profundos conhecimentos do mesmo[9], mas, antes, após o exame acurado de suas raízes profundas; em verdade, Rosenzweig já possuía em plena disponibilidade intelectual o conjunto da herança histórico-espiritual da Europa[10].

Neste entremeio, porém, estourará a Primeira Guerra Mundial. O soldado Rosenzweig, porém, não se limitará a exercer tarefas militares: "também como soldado lia e aprendia incansavelmente, entre outras coisas aramaico e árabe, Novo Testamento e Patrística; dava aulas sobre a história das guerras, planejava o futuro e escrevia muito..."[11]. Esta variedade de ocupações intelectuais como que preparava a futura dedicação à prática do ensino – não em uma cátedra universitária, como pensavam muitos de seus contemporâneos, mas na humilde "Casa Livre de Estudos Judaicos" (*Freies Jüdischen Lehrhaus*), por ele fundada em Frankfurt, para onde se mudou no verão de 1920, após seu casamento com Edith Hahn. Pois, após a redação da *Estrela da Redenção*, o filósofo, em 1919, participa a seus amigos desejar "não escrever mais ne-

---

8. Originalmente, em dois volumes, em 1920; apenas em 1962 ocorre uma primeira reimpressão, em um volume, deste trabalho (*Aalen, Scientia Verlag*). Este largo espaço de tempo decorrente entre a primeira edição e a primeira reimpressão facsimilar do trabalho (a reimpressão mais recente data de 1982) explica por certo o desconhecimento desta obra considerável e pouco divulgada que teria, sem dúvida, influenciado sobremaneira as interpretações hegelianas deste século, fosse ela mais acessível (sua publicação no conjunto das *Gesammelte Werke* não atenua consideravelmente a dificuldade de acesso a este trabalho).

9. O conhecido trabalho *Das Älteste Systemprogramm des Deutschen Idealismus* (*KS*, pp. 3 e ss) bem o prova; as sutis análises do trabalho mostram que tanto Hegel quanto o primeiro Schelling eram para Rosenzweig autores de que detinha conhecimento mais que razoável (ver, a respeito, Reinhold Mayer, *PDE*, p. 18). Ver também, abaixo, "Influências: o Schelling tardio".

10. Cf. R. Mayer, *PDE*, p. 19.

11. *Idem*, p. 25.

nhum livro"- pelo menos em termos de tratado de filosofia[12]; a idéia é, agora, dedicar-se fundamentalmente à prática do ensino, ao diálogo inter-humano, à "abertura do espírito"[13], cultivada desde os portões de sua própria casa. Segue-se um curto período de paz e intensa produtividade docente, que culmina com a redação, a partir dos seminários que conduz, do *Büchlein des gesunden und kranken Menschenverstandes*[14] (Livrinho do Entendimento Humano Sadio e Doente), terminado em janeiro de 1922. Este Livrinho irreverente – última obra do Rosenzweig ainda saudável[15] – não é senão a explicitação clara e direta do espírito da primeira parte da *Estrela da Redenção*; foi pensado para um círculo relativamente estreito de leitores, mais interessados no conteúdo do pensamento do que na elegância da exposição, e não pertencia originalmente ao grupo de obras que seu autor gostaria de ver acessível a um público mais amplo.

Mas a paz não durará muito. Logo após o término da redação do *Livrinho*, manifesta-se uma esclerose lateral amiotrófica, a qual conduzirá rapidamente a uma paralisia completa. A partir do verão de 1922 o filósofo não deixará mais a casa; em outubro do mesmo ano, passa a Rudolf Hallo a direção da Casa de Estudos. A partir de dezembro, não consegue mais escrever, e em maio de 1923 perde a capacidade de falar.

É apenas com o apoio incansável de sua mulher e de seus amigos próximos e distantes que a grande energia de seu espírito pode se desdobrar.

Nos primeiros anos, ainda conseguia, de forma extremamente árdua, escrever letras isoladas em uma máquina especialmente construída, logo depois, também esta capacidade foi perdida. Sua mulher Edith... mostrava a Rosenzweig, em um quadro, as letras do alfabeto, uma depois da outra, e ele designava, através de um movimento das pálpebras, qual letra deveria ser levada ao papel. Eu sei, é dificilmente concebível, mas desta forma conse-

12. *Idem*, p. 68.
13. *Idem*, p. 69, bem como Wolfdietrich Schmied-Kowarzik, *ED*, pp. 45 e ss.
14. Existe tradução espanhola: *El Libro del Sentido Común Sano y Enfermo*, Madrid, Caparrós, 1994.
15. Cf. Nahum Norbert Glatzer, *BÜ, Introdução do Editor*, p. 14.

guiu Rosenzweig participar... de conversas e trazer à tona, ainda, uma considerável produção literária[16].

Pois Rosenzweig retorna à atividade literária; cartas, artigos (entre os quais o famoso *Das neue Denken*[17]), em 1923 e 1924 também traduções do poeta Jehuda Halevi (1083-1140). A partir de 1924 inicia, com Martin Buber, a famosa *Verdeutschung der Schrift* ("Alemanização" da Escritura)[18], trabalho que se prolongará até pouco antes de sua morte, ocorrida alguns dias antes de seu quadragésimo terceiro aniversário, a 10 de dezembro de 1929[19].

Extinguia-se assim prematuramente a voz ativa de um dos mais vigorosos espíritos da entrada do presente século. O filósofo não pôde acompanhar o ressoar de sua obra como um todo; mesmo no caso da *Estrela*, não se pode dizer que tenha podido perceber claramente um acolhimento considerável de suas produções – e isso em círculos bastante restritos de leitores – quanto mais não fosse, pelo clima que se estabelecia de forma cada vez mais inequívoca na Alemanha de então – o que parece ter sido pressentido pelo autor já em 1916, quando disse: "Meu verdadeiro (*eigentliches*) livro (irá) aparecer somente como *opus posthumum*..., eu não poderei defendê-lo nem vivenciar seu 'efeito' (*Wirkung*)"[20]. O essencial de seu trabalho mergulha, então, no olvido forçado e no desconhecimento de um círculo mais amplo de leitores, até o renascimento do interesse, em ritmo crescente embora lento, após a guerra.

Sua obra, também neste sentido, é um imenso e ainda demasiadamente pouco explorado legado ao futuro.

---

16. Testemunho de Ernst Simon, cit. por W. Schmied-Kowarzik, *ED*, pp. 47-48.
17. Existe tradução espanhola, em forma de livro: *El Nuevo Pensamiento*, Madrid, Visor, 1989, acrescido da tradução do "Die Urzelle des Stern der Erlösung" e comentários de F. Jarauta, Reiner Wiehl e Isidoro Reguera.
18. A palavra *Verdeutschung* pretende indicar que não se trata de uma mera tradução, mas da tentativa do estabelecimento de um espírito correspondente, em alemão, ao espírito original da linguagem e do mundo da Escritura.
19. Cf. W. Schmied-Kowarzik, *ED*, p. 48.
20. Cit. por S. Mosès, *SO*, p. 225.

3. O PROBLEMA: A SITUAÇÃO HISTÓRICO-INTELECTUAL DE ROSENZWEIG

Já se chamou Rosenzweig, em várias oportunidades, de "o último representante do judaísmo alemão que se iniciara com Moses Mendelsohn"[1]. E esta representatividade não pode ser compreendida sem que se atente para as particulares condições históricas no qual viveu o autor.

Existem, sem dúvida, muitas maneiras de se analisar de forma conseqüente o contexto histórico-social da Alemanha de fins do século XIX e início do século XX e, por extensão, o contexto da Europa em geral; a nós nos parece porém a mera perspectiva descritiva, de índole histórico-sociológica, insuficiente para tal tarefa, ou seja, não é suficiente para pro-

---

1. Entre outros, por Leo Baeck, Schalom Ben-Chorin, Paul Mendes-Flohr. Cf. Wolfdietrich Schmied-Kowarzik, "Franz Rosenzweig und Eugen Rosenstock. Ein Jüdisch-Christlicher Dialog – und die Folgen von Auschwitz" in: W. Schmied-Kowarzik, *ED*, pp. 123-124.

por, por si só, parâmetros sólidos de inteligibilidade. Esta inteligibilidade é de muito difícil resgate: pressupõe uma *arqueologia,* o mergulho na própria dinâmica histórica dos séculos que antecedem este tempo e, secundariamente, exigem toda uma retrospecção analítica da própria construção da civilização ocidental. Em outras palavras, há que se compreender as grandes linhas histórico-intelectuais do Ocidente, para se poder apreciar com mais precisão exatamente este tempo de *desagregação e multiplicação de sentido* em que se constitui, quando examinada a fundo, a última mudança de século (e por "grandes linhas histórico-intelectuais" entendemos, exatamente, um modelo de compreensão que pressupõe a *salvaguarda* da dialeticidade inerente à construção civilizatória ocidental: por um lado, fatos que se sucedem e se interpenetram; por outro, a reflexão incessante, não-totalizante, sobre estes fatos). E isto é tão válido para a Alemanha como para qualquer outro país da Europa de então.

Assim, como situar, inicialmente, a própria *conturbação* que aparece quando penetramos o suave manto do *fin-de-siècle,* aquilo que se convencionou chamar – em uma expressão injusta para com as profundidades reais da cultura em convulsão manifesta ou latente – de *Belle époque*?

Ora, esta conturbação, que logo explodirá no desatino e no delírio da destruição e da fragmentação final do mundo até então vigente, da segurança e das certezas, tem raízes extremamente remotas ou, melhor dito, expressa aquilo que com clareza retrospectiva podemos, com muita dificuldade, identificar como sendo um específico *sentido trófico*[2] particular, um determinado modelo de desenvolvimento que conduz exatamente a tais frutos e não a outros. Embora a causalidade não seja uma categoria de valor inatacável no âmbito do estudo de eras civilizatórias, não pode ser afastada sem mais deste âmbito e substituída por meras "coincidências" históricas, nem tampouco por algum tipo de historicismo grosseiro que atropele toda a carga de imponderabilidade que habita a própria história e a qual nenhuma teoria foi, até hoje, capaz de fazer

---

2. Cf. nosso texto "O Século XX e a Desagregação da Totalidade" in: R. T. de Souza, *Totalidade & Desagregação...*, *op. cit.*, pp. 15 e ss.

justiça. Assim como não é uma mera "coincidência" história e social que – em uma espécie de antevisão do desabrochar do ódio – tantos partidos racistas surjam exatamente em fins do século XIX não em remotas regiões ainda afeitas à violência de Progroms, mas exatamente na centralidade da Europa mais civilizada e "melhor pensante", nem que, a par da industrialização, tanta energia intelectual seja despendida no aperfeiçoamento de armamentos cada vez mais mortíferos, nem que tantos impérios tardios redescubram, ao mesmo tempo – aproveitando o ocaso de outros –, o direito de reinarem hegemonicamente por sobre o mundo moderno e moldarem-no à sua forma e semelhança. E também não é "necessidade absoluta" que o anverso mais violento da civilização – enquanto esta se constitui, de certa forma, na lógica que conduz, no famoso dizer de Adorno e Horkheimer, "da funda à bomba atômica" – tivesse de se expressar exatamente da forma que o fez, com tantas racionalizações e com o assédio constante e justificador aos terrores ocultos do conservadorismo: a "degeneração dos costumes", a "decadência do Ocidente", a "conspiração universal", a "praga revolucionária" – trazendo estes terrores à tona, dando-lhes uma forma de expressão fácil e agressiva e de inteligibilidade "popular", plantando as sementes da hecatombe.

Mas, nem "necessidade absoluta" nem "notável coincidência", os homens que detinham os destinos do mundo assim arranjaram aquela história particular e mobilizaram energias subterrâneas exatamente em função do *crescimento da consciência* da incontrolabilidade do processo já avançado de desarticulação do "sentido civilizatório" – em outros termos, em função do *medo individual e coletivo* que, de recalcado culturalmente, inicia a se tornar totalmente inequívoco. Cumpre aqui lembrar rapidamente a recorrência histórico-cíclica, em nível teórico, deste grande Medo ao longo da história do pensamento: aos grandes filósofos das Categorias e dos Universais, os cínicos, os relativistas de toda espécie, os céticos e até mesmo os epicuristas – sem falar nos odiados sofistas –, não poderiam senão aparecer com detratores da Verdade; como detratores da Verdade apareciam aos clássicos romanos os primeiros pensadores cristãos, aos medievais os renascentistas, ao *Ancien Régime* os teóricos da revolução burguesa, e aos herdeiros da grande Ciência e da grande Verdade econômico-positivista os iconoclastas que propõem a multiplicidade de dimensões desde as quais a inteligibilidade da realidade é em princípio defensável e legítima. Em todos os casos, o que está em jogo é o mesmo Grande Medo ao Diferente, ao Outro, ao externo àquele Sentido assumido como total: uma grande *insegurança* histórico-social, que a grande História – a história dos vencedores – não consegue reduzir simplesmente a um seu momento dialético. E como esta insegurança não se havia apresentado até então de forma tão amplamente disseminada e "destruidora" – visceralmente "perigosa", o Medo provavelmente ainda não tomara uma feição tão insana – da qual as doutrinas científicas do racismo e do nazismo não são senão mais do que metamorfoses específicas, adequadas a momentos específicos desta insegurança.

Assim, os constitutivos *reais* do belo mundo de transição de século referem-se todos à consciência crescente de *decadência* de um universo de sentido unitário-hegemônico (por mais diversas que pudessem aparentar ser as escolas particulares que conviviam pacificamente no seio deste antiqüíssimo processo trófico de redução do Diferente ao Mesmo). As respostas da filosofia a esta questão são múltiplas: ou procura achar no passado algum esteio para a superação da crise – Husserl, Heidegger[3], de forma indireta os "anti-metafísicos" para quem a "metafísica", antes de ser meramente "inútil", relativizava excessivamente a segurança do cognoscível e da lógica – ou procurava situar em uma espécie de construção futura as esperanças – remotas – de reconciliação com o mundo, passando pela construção de um mundo novo – Bergson, Bloch, a primeira Escola de Frankfurt, as filosofias do Diálogo etc[4].

É exatamente este o mundo *habitado* por Rosenzweig. É, em nossa percepção, com a mais aguda *consciência deste amplo e específico sentido de desagregação,* que Franz Rosenzweig pretende construir sua obra. Todo um *pressenti-*

---

3. Cf. nosso citado trabalho *O Tempo e a Máquina do Tempo...*
4. Obviamente, está-se a falar, aqui, de um complexo cultural de muitos sentidos; não estamos dividindo as escolas em "conservadoras" e "progressistas", mas tentando perceber as *estratégias* que utilizam para, neste

mento a perpassa; mas, por cima do pressentimento – que não pode ser compreendido, em última análise, senão exatamente como um pressentimento de desagregação e de *catástrofe* –, paira a imposição da necessidade inadiável da *construção*. A necessidade recorrente de expressar as diversas camadas do perceptível a um público crescentemente alienado à racionalidade mais fragmentária e elementar – e a paralela necessidade de, em sendo profundamente *claro,* não se tornar abissalmente *obscuro* (perigo de que nem sempre a obra de Kafka escapa) –, estes elementos emprestam à obra de Rosenzweig sua particularíssima complexidade. E sua tessitura consiste, grosso modo, em utilizar tanta racionalidade quanta seja necessária para que este mundo se compreenda a si mesmo, sem que esta razão se feche em si mesma e acabe executando exatamente o jogo totalizante do qual pretende se evadir. Que o mundo em processo acelerado de desagregação e multiplicação de sentido finalmente se possa, de alguma forma, *compreender exatamente em sua raiz de multiplicidade,* em sua radicalidade múltipla, e que, por sobre esta compreensão, possa construir algum tipo de esperança de *futuro*: eis a difícil tarefa a que Rosenzweig se propõe e que constitui o desafio maior de todo o conjunto de seus esforços intelectuais[5].

É este, portanto, o mundo que vê nascer a obra de Rosenzweig, quando observado desde uma perspectiva menos superficial; um mundo profundamente *temeroso*, em processo acelerado de fragmentação de sentido e de multiplicação da incerteza que culminará em doutrinas pervertidas e em violências insanas. É a este mundo que Rosenzweig tenta responder com sinceridade.

---

mundo conturbado, reivindicar sentido para seus esforços filosóficos. Uma análise mais fina apenas evidenciaria o relativo divórcio que se estabelece muitas vezes entre a construção filosófica de um autor enquanto "intenção" e as conseqüências reais de seu pensamento. Isto é especialmente claro no caso de Husserl.

5. Entre seus inspiradores diretos e espíritos com os quais mantém parentesco próximo, são citados por Rosenzweig entre outros: Ludwig Feuerbach, Hermann Cohen, Eugen Rosenstock, Hans e Rudolf Ehrenberg, Victor von Weizsäcker, Martin Buber, Ferdnand Ebner, Florens Christian Rang (Cf. por exemplo, *Das neue Denken*, p. 152). Ver adiante; "Influências".

4. A CONSTRUÇÃO: A OBRA

Preâmbulo: Sobre a Compreensão da Obra de Rosenzweig

Rosenzweig é, fundamentalmente, um autor profundamente *construtivo*; a essência de sua especulação permanece, apesar de tudo, ainda a salvo da corrosão por parte do agressivo desencanto das filosofias do absurdo ou do pensamento desconstrutor "pós-Auschwitz", que vicejam com boa razão nos tempos em torno e após a Segunda Guerra Mundial. Como veremos mais atentamente na conclusão deste trabalho, o espírito que habita o conjunto da obra de Rosenzweig é composto de *urgência esperançosa*, pensamento de limites, mas *ainda dentro dos limites*, ainda aferrado à esperança final do encontro e do bom-senso que podem ter lugar quando os tempos *ainda* não acabaram – diferentemente da Hiroshima de 1945 – nem se aceleraram tão excessivamente que inutilizam os antigos parâmetros do meramente razoável, como os frenéticos tempos que correm às beiras do novo milênio. Em

Rosenzweig viceja a mais *madura* perspectiva do melhor dos otimismos dos últimos duzentos anos, uma perspectiva não ingênua, mas densa, clara, plena de lucidez frente a perigos inomináveis, corajosa, contracorrente. A *Estrela da Redenção* – síntese deste corajoso esforço *sintético* – não é uma obra "religiosa" ou *apocalíptica*, conforme costuma ser lida hoje por certo tipo de leitor, mas é, antes, uma obra grave, meridianamente *lúcida* – naturalmente, nunca é demais ressaltar, de uma lucidez pré-Auschwitz –, que se constrói desde parâmetros claramente lógico-construtivos, "sistemáticos" – e isto vale em termos proporcionais para qualquer obra do filósofo de Kassel.

E é isto que reserva ao leitor contemporâneo a maior dificuldade: superar os traumas de meados deste século para abordar esta obra desde si mesma, desde sua própria lógica, e em sua cisão radical. Cisão, no sentido de que, agressivamente desmentida pelos fatos por um lado, por outro lado guarda em si, ainda, toda a solidez do momento em que foi composta. Soterrada juntamente com o que ainda sobrava de otimismo historicista a partir de 1945 (embora com ele de nenhuma forma se confunda, como veremos a seguir!), permanece viva ainda que tenha sido, exatamente, afogada em meio às ruínas do que ainda sobrava da civilização do século XIX. Emerge aí a tentação da unilateralidade, no sentido de que pareceria mais adequado entendê-la *ou* como negatividade, "ingenuidade" frente à "positividade" da massa dos fatos reais que transformaram o mundo contemporâneo no que ele é, *ou* como positividade que ultrapassa de forma incólume as vicissitudes do passado próximo em direção às consolações da pura utopia adiada, mas real, a um tempo próxima e distante.

Mas a dificuldade está, justamente, na localização do ponto de equilíbrio entre as duas tentações. Pois a obra de Rosenzweig é, definitivamente, fruto tardo de um tempo *irremediavelmente extinto* e do modelo de otimismo que ele comportava; mas ela é, também, de alguma forma, *sobrevivente* ao cataclismo e sobrevivente especialmente em meio à fragmentação extrema do sentido que faz da contemporaneidade o que ela é. A grandeza deste pensamento consiste em boa parte na característica, aparentemente contraditória, de, em sendo profundamente *enraizado*, não ser *restaurador*; em ser, exatamente, *contemporâneo,* na medida exata em que observa argutamente as possibilidades mais nefastas da contemporaneidade ainda antes que estas se tenham desdobrado. E este é o dilema que a leitura de Rosenzweig propõe ao leitor atento: penetrar tanto no *passado* quanto embrenhar-se nos labirintos do *presente*. Caso *ambos* os aspectos não estejam claramente manifestos, a leitura carecerá de abrangência compreensiva e da pluridimensionalidade que exige por sua própria gênese.

As Bases da Crítica: História e Filosofia

As bases da crítica filosófica de Rosenzweig assentam profundamente nas complexas circunstâncias sócio-culturais de seu tempo atrás examinadas. Trata-se de uma evidente questão de enraizamento e conseqüência: a crítica filosófica pressupõe a prévia compreensão dos fatos históricos que fornecem à filosofia substância para que desenvolva seu característico exercício especulativo. Assim, e seguindo a ordem natural da vocação humanística do autor, pressupõe-se, à crítica da filosofia, uma crítica da *história* na qual esta filosofia surge e que esta tem de compreender via penetração em seus constitutivos racionais. Não se compreende a filosofia sem se compreender a história, e vice versa; e não existe filosofia no sentido real do termo que não assente sobre dados humano-históricos sólidos e concretos: estas máximas são comprovadas a cada passo pela laboriosa construção de Rosenzweig.

Influências: o Schelling tardio

O interesse de Rosenzweig pela filosofia do idealismo alemão estabeleceu-se muito cedo, devido em boa parte à influência de seu primo Hans Ehrenberg[1]; não só dedicou ao

---

1. Cf. W. Schmied-Kowarzik, "Vom Totalexperiment des Glaubens. Kritisches zur positiven Philosophie Schellings und Rosenzweigs" in:

estudo de Hegel sua dissertação de doutorado – *Hegel und der Staat* – como manteve, por muito tempo, a atenção dirigida a tudo o que dissesse respeito à questão do Absoluto em filosofia. Não seria de todo improcedente dizer que boa parte de sua obra se constitui em uma discussão crítica com o Idealismo alemão.

Nos produtivos anos em torno à Primeira Guerra Mundial, este interesse aguçou-se ainda mais. No verão de 1914, Rosenzweig tem acesso a um texto pretensamente atribuído a Hegel. Ao estudá-lo profundamente, chega à conclusão de que se deve, na verdade, a Schelling. Publica este célebre estudo em 1917, com o nome de *Das Älteste Systemprogramm des Deutschen Idealismus* (O Mais Antigo Programa Sistemático do Idealismo Alemão)[2].

Data desta época seu interesse por Schelling, autor que, tomado em sua última fase, será decisivo para a elaboração do pensamento de Rosenzweig[3].

Não é aqui o lugar de analisar o decisivo sentido do último Schelling para a filosofia do século XX; lembremos todavia alguns elementos importantes. Schelling estabelece uma aguda polêmica, com sua *Philosophie der Offenbarung* (Filosofia da Revelação), entre seu pensamento maduro e o idealismo que, com Fichte e Hegel, ajudara a estabelecer[4]. Desde seu início, sua crítica ao Idealismo, enquanto "filosofia negativa", vai no sentido de estabelecer seus limites[5], de evidenciar a impossibilidade de este modelo lidar com a "positividade da existência, o existir acontecente"[6], inclusive do próprio pensador que pensa o sistema. Quando o pensamento inicia de "retroagir" a seus próprios pressupostos existenciais, inicia-se então a filosofia "positiva"[7], uma filosofia "expe-

---

Franz Rosenzweig – *Existentielles Denken und gelebte Bewährung* (*ED*), p. 55.
2. In: *KS*, pp. 3 e ss.
3. Cf. *SO*, p. 36.
4. *ED*, p. 51.
5. *Idem, ibidem.*
6. *Idem*, p. 52.
7. *Idem, ibidem.*

riencial... ouvinte... histórica"[8], que será decisiva ao pensamento de, entre outros, Kierkegaard e Paul Tillich, bem como o já citado primo mais velho e professor de Rosenzweig, Hans Ehrenberg[9].

A *Estrela da Redenção* pode ser compreendida também como uma tentativa de levar às últimas conseqüências alguns dos impulsos intelectuais do Schelling tardio, como o expressa o próprio autor[10]. A tensão constante entre "essência" e "existência", que ali se percebe (na medida em que Schelling procura pensar a possibilidade da realidade *fora* das determinações do absoluto[11]), reproduz de forma clara a preocupação de Rosenzweig de radicalizar[12] e "levar a termo" a construção empreendida por Schelling em *Die Weltalter* (As Idades do Mundo) e *Philosophie der Offenbarung*, mas cujas intuições iniciais já estavam presentes no jovem Schelling, para quem "a pura reflexão...(é) uma doença mental do ser humano [*Geisteskrankheit des Menschen*]"[13]. Outra não terá sido talvez a preocupação de Rosenzweig, senão superar definitivamente as tentações desta "doença".

Influências: Hermann Cohen

Entre as poucas influências decisivas sofridas por Rosenzweig entre os intelectuais que tangenciaram sua geração, uma das mais expressivas foi proveniente de Hermann Cohen. A compreensão exata desta influência, porém, não é de fácil inteligibilidade. Seguiremos aqui principalmente a análise desta influência efetuada por Bernhard Casper no texto "Correlação ou Acontecimento Acontecido? Sobre a Compreensão da Obra Tardia de Hermann Cohen através de Franz Rosenzweig" – conferência apresentada originalmente na

---

8. *Idem*, p. 53.
9. *Idem*, pp. 54-55.
10. *Idem*, p. 56.
11. Cf. *SO*, p. 37.
12. Na medida em que, para Rosenzweig, "nem a origem nem o telos do ser podem ser concebidos como objetos do conhecimento" – S. Mosès, *SO*, p. 43.
13. Citado por Schmied-Kowarzik, *ED*, p. 88.

International Conference "Hermann Cohen's Philosophy of Religion", Jerusalém, 1996[14].

Hermann Cohen ocupou-se ao longo de quase quarenta anos de docência na Universidade de Marburg, onde tornou-se o líder intelectual da escola neokantiana do norte da Alemanha. Tornou-se conhecido por suas diversas obras relativas à construção de uma epistemologia de bases kantianas – *A Teoria Kantiana da Experiência* (1871); *A Fundamentação Kantiana da Ética* (1877); *A Fundamentação Kantiana da Estética* (1880); *Sobre a Influência de Kant na Cultura Alemã* (1883) – bem como, na culminância de seus estudos kantianos, pela construção de um sistema de filosofia tripartido, com estrutura inspirada nas *Críticas: Lógica do Conhecimento Puro* (1902); *Ética da Vontade Pura* (1904); *Estética da Sensibilidade Pura* (1912)[15].

O contínuo crescimento do anti-semitismo nos meios universitários alemães forçou Cohen a, cada vez mais, tomar posição defensiva com relação à sua postura favorável ao sentimento, típico entre os intelectuais judeus-alemães do século XIX, de assimilação e conjugação de culturas. Já desde 1879, após os ataques aos anseios de assimilação promovidos pelo historiador Heinrich von Treitschke – que, a certa altura, chama o judaísmo de "religião nacional de uma raça estrangeira"[16] – atenta Cohen cada vez mais a esta questão. Acaba por dedicar suas melhores energias à hermenêutica do sentido racional-religioso do judaísmo quando, a partir de 1912, após sua aposentadoria, transfere-se para Berlim, a fim de dedicar-se à docência no *Lehranstalt für die Wissenschaft des Judentums* (Instituto de Ciências do Judaísmo), um seminário

---

14. Bernhard Casper, "Korrelation oder ereignetes Ereignis? Zur Deutung des Spätwerkes Hermann Cohens durch Franz Rosenzweig" (*KE*). Também de valor para a compreensão desta influência é a análise de Stéphane Mosès em *System und Offenbarung – Die Philosophie Franz Rosenzweigs* (*SO*), pp. 43-49.
15. Cf. *SO*, pp. 43-44.
16. É de se observar que Treitschke não utiliza, ainda, o termo *Rasse*, que só viria a se popularizar mais tarde, mas *Stamm*; todavia, o espírito subjacente a este modelo de racismo é o mesmo das "clássicas" obras anti-semitas posteriores.

rabínico liberal. Lá morre em 1918, não sem antes dedicar um esforço monumental à construção de sua última grande obra[17], *A Religião da Razão desde as Fontes do Judaísmo* (*Die Religion der Vernunft aus der Quellen des Judentums*)[18]. Cohen foi o primeiro e único professor a quem Rosenzweig atribuiu o título de filósofo – a quem chega, a certa altura, a atribuir uma posição na estirpe de Fílon de Alexandria e Maimônides[19]. Isto não significa, porém, que esta influência se tenha dado desde as origens da vida intelectual do escritor da *Estrela da Redenção*; é apenas ao fim de seus estudos universitários, após a conclusão de sua tese *Hegel e o Estado,* que Rosenzweig encontrará pessoalmente Cohen, embora referências e comentários à sua obra já se encontrem nos diários e cartas desde épocas bem anteriores[20]. Esta maior aproximação intelectual, como assistente das aulas do velho filósofo, se dá – "mais por curiosidade que por interesse" –, exatamente logo após a "reconversão" final de Rosenzweig ao judaísmo, ocorrida no *Yom Kippur* do ano cristão de 1913[21] – em um momento, portanto, decisivo para a construção do *opus magnum* de Rosenzweig. Não é sem motivo, portanto, que Cohen é por ele chamado de *Baal t'schuvoh* – "Mestre da conversão"[22].

Apesar de discordar de muitas das idéias de Cohen a respeito de suas últimas tentativas de conciliação entre o judaísmo e o "germanismo"[23], Rosenzweig procura o mestre – por quem havia sido chamado, em certa ocasião, de sua "consolação da alma" (*Seelentrost*)[24] – em várias oportunidades, atraído, mais que por sua obra filosófica, pelo trato que este dá à questão do que constitui a "*essência*" do judaísmo[25]. Em

---

17. Cf. o depoimento de Martha Cohen, esposa de Hermann Cohen, a este respeito, na "Geleitwort zur Ersten Auflage" de *Religion der Vernunft...*
18. Frankfurt am M., Fourier Verlag, 3. ed., 1995.
19. Cf. *KE*, pp. 51-52.
20. *Idem*, p. 52.
21. *Idem, ibidem*.
22. *Idem, ibidem*.
23. Cf. *SO*, p. 46.
24. Cf. *KE*, p. 52.
25. *Idem*, p. 54.

março de 1918 recebe cerca de trezentas páginas do manuscrito de *A Religião da Razão desde as Fontes do Judaísmo*, que se encarregará de editar após o falecimento de Cohen[26]. Em que consistiria principalmente a influência de Cohen sobre Rosenzweig? Sem dúvida, esta influência está ligada ao espírito geral que o termo característico "Correlação" (*Korrelation*) toma na obra tardia de Cohen. Para este – e, de certo modo, paralelamente a Husserl[27] –, Correlação é "uma forma fundamental do pensamento científico", a possibilidade de um "julgar", uma *relação* de "finalidade"[28]. Mas a relação não pode ser concebida sem elementos simultaneamente *diferenciados* e de alguma forma *comunicantes*. Caso se conceba, por exemplo, a "relação" entre ser humano e Deus, esta idéia de "relação" só poderia ter sentido caso cada um dos termos fosse primariamente *separado* do outro: dois *diferentes* correlatos, mutuamente relacionados exatamente porque cumprem a condição prévia de *separados*. Com isto, e segundo este exemplo, chega-se como conclusão à *autonomia* do humano frente a Deus[29], em uma determinada forma de pensamento fundamentalmente *assimétrico*[30].

Este esquema permanece, porém, ainda com inclinações a um desembocar final no Idealismo, na identidade, na medida em que torna lógica a relação entre opostos "pensados"[31], ou seja, cuja oposição pode ser idealmente como que "destacada" de sua *realidade* plena e ativa: trata-se de uma compreensão *teórica* de "correlação"[32]. Outra compreensão de "correlação" está presente, porém, na obra de Cohen – e mais de acordo com suas origens kantianas: a de uma correlação prática. Pois, segundo o próprio Cohen, "a correlação não pode recair na identidade. Isto constitui a doença do panteísmo"[33]. E a diferença entre os dois modelos de correlação estabele-

26. *Idem*, p. 53.
27. *Idem*, p. 55.
28. *Idem, ibidem*.
29. *Idem*, p. 56.
30. *Idem*, p. 57.
31. *Idem*, p. 56.
32. *Idem*, p. 59.
33. Citado por B. Casper, *idem, ibidem*.

ce-se desde a diferença entre os *tempos* de suas ocorrências, ou, mais precisamente, entre o eterno presente lógico de uma – que tem sua contrapartida no presente eterno de Deus, no exemplo acima[34] – e o futuro (*Werden*) da ação *ainda não estabelecida* de outra, que Cohen exemplifica com o preceito: "*deverão* tornar-se santos" (*heilig sollt ihr* werden)[35].

Como, agora, é de conceber-se este "tornar-se santos"? Certamente não no sentido do recolhimento à própria alma, mas como *aproximação* enquanto ligação real com Deus[36], algo que se tem de dar no âmbito da *liberdade finita* e na circunscrição da *história real*[37]. Mais concretamente: é através do *amor ao outro ser humano* que o ser humano estabelece a relação *religiosa*: "este aparece como a única abordagem possível do que se entende como... amor de Deus (*Gottesliebe*)"[38]. Esta é a essência da Correlação: "A correlação entre Ser Humano e Deus é, em primeira linha, aquela do Ser Humano, enquanto 'Com-o-outro', a Deus (*Die Korrelation von Mensch und Gott ist in erster Linie die vom Menschen, als Mitmenschen, zu Gott*)"[39]. O que virá a significar, em última análise, o *rompimento* da consciência transcendental[40]; o *rompimento com o intelectualismo* ao qual Rosenzweig dedicará tanto de seus esforços.

Está, portanto, explícita aqui a decisiva influência de Cohen sobre o conjunto da obra de Rosenzweig – muito embora este preferisse nitidamente pensar em termos de *União*, e não de "correlação"[41]. A idéia de uma *relação real* tão intensa que acabe por explodir os esquemas lógicos – permanentemente presente, entre outros momentos, na *Estrela da Redenção* – realiza de certo modo virtualidades presentes na obra final de Hermann Cohen.

---

34. *Idem, ibidem*.
35. *Idem, ibidem*.
36. *Idem*, p. 60.
37. *Idem*, p. 61.
38. *Idem, ibidem*.
39. H. Cohen, *Religion der Vernunft...*, p. 133.
40. Cf. *KE*, p. 61.
41. *Idem*, p. 63.

A Crítica da História

Bases

> Eu não sei de onde, hoje, pode
> provir a coragem para escrever a his-
> tória alemã
>
> HS, I, XII (Prefácio, maio de 1920)

A crítica de Rosenzweig à história não é uma questão que parta de dados simplesmente teóricos, ainda que esta teoria seja tão eminente quanto o modelo racional-efetivo de história de Hegel "esclarecida" por Meinecke[42]. É acima de tudo a *facticidade irredutível* dos fatos, seu incontornável peso real, este peso impossível que penetra as ruínas da Primeira Guerra Mundial e que soterra incontáveis esperanças, mostrando uma das faces terríveis da racionalidade, que se constitui em matéria prima desta crítica "a história no sentido do século XIX", ou seja, no sentido hegeliano[43]. Pois a Primeira Grande Guerra foi mais "racional" – e, por isso, hegelianamente mais "real" – do que qualquer outra até então; nunca tanto poder de destruição fora utilizado com objetivos tão explicitamente claros, e nunca os efeitos da racionalidade ocidental haviam sido tão maciçamente *devastadores*. Na verdade, para Rosenzweig, é todo um modelo de racionalidade que está em jogo, está jogando o seu jogo, esclarecido não por sua teoria, mas por seus *resultados*; a história sua contemporânea – que culmina na guerra – é o resultado final e irrecorrível deste jogo, que ilumina o passado desvelando suas *verdadeiras cores*. A este argumento não responde nenhuma racionalidade benigna: os fatos, mais concretos do que nunca, ou seja, mais do que nunca irredutíveis a uma teoria conciliatória, estes fatos falam por si, e o fazem muito claramente. É com *fatos* – e não

---

42. *HS*, II, 241. Cf. também S. Mosès, "Hegel beim Wort genommen – Geschichtskritik bei Franz Rosenzweig" in: G. Fuchs – H. H. Henrix, *Zeitgewinn – Messianisches Denken bei Franz Rosenzweig*, pp. 69 e ss.

43. Cf. S. Mosès, "Hegel beim Wort Genommen...", *op. cit.*, pp. 67 e ss., especialmente p. 69.

com teorias – que Rosenzweig se debaterá ao longo de toda sua curta vida.

A influência de Friedrich Meinecke

Rosenzweig se dirige, no outono de 1908, a Freiburg im Breisgau, para se dedicar ao estudo da filosofia e da história moderna. Ali ensina o então famoso historiador Friedrich Meinecke, autor de um livro que se tornaria em breve um clássico da historiografia alemã – *Weltbürgertum und Nationalstaat* – uma história do desenvolvimento da idéia de nacionalismo na Alemanha desde o século XVIII, passando pela época da Revolução Francesa e pela idéia de universalismo de Wilhelm von Humboldt até Ranke e Bismarck[44]. Meinecke dedicara um capítulo de seu livro à idéia de estado em Hegel, o que serviu de impulso ao posterior trabalho de Rosenzweig *Hegel und der Staat*. Não se tratou, porém, de uma concordância; ao contrário de Meinecke, Rosenzweig não julgava a filosofia política de Hegel – em sua dependência de um sistema do Absoluto – excessivamente universalista, e, sim, excessivamente nacionalista. As idéias políticas de Hegel –, considerado por Meinecke o fundador da moderna idéia de Estado[45] –, desembocariam, segundo Rosenzweig, muito mais em uma exacerbação do autoritarismo do que em sua moderação[46].

A guerra e a crítica

> *Quando a construção de um mundo desaba, são soterrados também os pensamentos que a haviam arquitetado e os sonhos que a habitavam.*
>
> *HS*, II, 246

Mas o historiador acaba por se tornar filósofo; e o filósofo, ex-historiador, não poderia, após a guerra, escrever um

---

44. Cf. *SO*, pp. 25-26.
45. *Idem*, p. 27.
46. *Idem*, p. 28.

livro como *Hegel e o Estado* – "o qual permanece como um testemunho do espírito de pré-guerra, e não daquele (espírito) de 1919"[47]. Este ano, 1919, marca a entrada real do século XX na história; e esta entrada dá-se já sobre a base do *desmoronamento* de um modelo por assim dizer "otimista" de sentido. A história do passado, em sua teoria, é incapaz de dar conta dos agressivos fatos históricos do presente; o modelo de história linearizado, em suas diversas nuances e perspectivas, chega a seus limites e dá lugar ao caos da guerra em sua racionalidade própria. As ruínas exigem a Rosenzweig, portanto, a abertura de espaços alternativos de pensamento, onde outras concepções de história possam, de alguma forma, ter lugar. Disto dependerá a possibilidade de reconsiderar o sentido da própria filosofia, e se constitui, para nosso autor, em uma primeira instância de julgamento filosófico do presente e, portanto, base crítica para qualquer construção ulterior.

Em pelo menos um momento preciso esboça Rosenzweig uma resposta ao modelo de história racional-totalizante. Para tal, é necessário inicialmente que se faça inequívoca a crise de 1913 – à qual se seguem os traumáticos acontecimentos da Guerra. O que é a Guerra, observada desde esta perspectiva crítico-reconstrutiva? É a comprovação final da profundidade de alcance da filosofia da história de Hegel, na qual sua grandeza e sua desumanidade se tornam simultaneamente presentes de forma definitivamente inequívoca – pois,

aos olhos de Rosenzweig, esta filosofia, que expressa a realidade da história mundial, é ainda mais verdadeira do que Hegel julgava; por isso, ela não deve ser contradita, mas desmascarada (*entlarvt*). Quando, por exemplo, Hegel afirma que a história não é mais do que o processo de sucessivos choques entre os Estados soberanos, é dessa forma que define uma realidade que, como pano de fundo dos acontecimentos de 1914-18, assina seu próprio julgamento[48],

redefinindo inequivocamente seu campo de validade e seu incontornável valor de realidade.

47. *HS*, I, Prefácio, XIII.
48. Stéphane Mosès, *System und Offenbarung...*, *SO*, p. 161, bem como S. Mosès, "Hegel beim Wort genommen...", *op. cit.*, p. 70.

Mas a concepção de História de Hegel não se coloca isolada em sua obra; pertence, como tudo em seu pensamento, ao campo maior de abrangência de seu sistema. Desta forma, Rosenzweig

> toma, frente à Filosofia da História de Hegel, exatamente a mesma atitude que frente a sua Ontologia. Ambas são desde *dentro* inatacáveis, já que pertencem as duas ao Sistema da Totalidade e abrangem a totalidade da realidade, inclusive o pensador que as pensa. Trata-se assim, em ambos os casos, de localizar um ponto de apoio fora do sistema, a fim de, em uma primeira instância, dele escapar e, após, para refutá-las; pois um sistema que tolera a existência de um elemento fora de si deixa de ser um sistema da Totalidade. A irrefutável realidade do sujeito, a qual rompe o fechamento do sistema do Ser, corresponde, aqui, à essência meta-histórica do povo judeu. Com isso, a visão de história de Hegel, que era absolutamente verdadeira em termos da história das nações, perde o estatuto de totalmente verdadeira...[49],

já que ao menos *um aspecto da realidade real* – a existência real de um grupo marginal à centralidade das nações que, efetivamente, em sua luta e sucessão dialética, escrevem a grande história – escapa a seu poder sintetizante. E o povo judeu, em sua existência inegável e diferente da mera "existência política"[50], funciona como instância crítica "externa" ao absoluto da história idealista-teleológica e, por extensão lógica, ao absoluto do Sistema enquanto Totalidade fechada e autoreferente. A existência do externo – aqui, contingencialmente, corporificada em um determinado "povo" que existe como que *fora* da órbita de validação dos estados em sua mútua referência histórico-dialética – exige, assim, a postulação de um modelo "alternativo" de existência histórica, cujas bases não estejam sujeitas ao processo normal de *Aufhebung* do diferente que se observa na história universal.

Qual seria, então, este modelo alternativo de história de Rosenzweig? Trata-se, em princípio, de uma visão "não-cumulativa", descontínua da história, a qual não é determinada pela majestosa sucessão de povos e civilizações portentosas em uma imensa cadeia teleológica-racional e em movimento constante na interioridade de um sistema de razão, mas, antes, pelo

---

49. *SO*, p. 161.
50. *Idem, ibidem.*

surgir isolado, por vezes inusitado –, para o sistema, sempre *estranho* –, de acontecimentos singulares de grande sentido e alcance simbólico, pontos focais às margens – e muitas vezes em franca oposição – do espectro visível da grande história, da história racional. Acontecimentos estes que como que "visibilizam" o "invisível desenvolvimento *da Redenção* no mundo", segundo a feliz expressão de Stéphane Mosès[51]. Por fora da Grande História real-racional, uma modesta Meta-história que, em sua mera existência, se constitui já em um contraponto real, em uma espécie de *instância sub-reptícia de julgamento* à Grande História prescrita pelas leis da razão historicista.

Assim, não é difícil notar claramente, aqui, o difícil tema da "história em julgamento", abordado, entre outros, por Benjamin, em 1940 – nas famosas *Thesen über den Begriff der Geschichte* – "Teses sobre o conceito de História" –, por Levinas em sua primeira obra maior *Totalidade e Infinito* e por muitos outros autores contemporâneos. Trata-se da inversão da ordem natural do historicismo em suas mais diversas e auto-justificadas vertentes: em lugar de a história julgar soberanamente, por seu próprio decurso irrefreável, os povos e as nações, tem lugar a descoberta do "lado oculto" da história, seu "outro lado", uma "razão dos vencidos" que se torna mais e mais evidente, até não mais poder ser ignorada pela historiografia oficial, porque possui realidade *própria* e dimana inteligibilidade não desde os parâmetros desta historiografia oficial, mas desde *si mesma*. De todos, Benjamin parece ser o mais nitidamente identificável. Na concepção de história descontínua de Rosenzweig, o *Angelus Novus* está definitivamente à vista.

---

51. Cf. S. Mosès, "Hegel beim Wort genommen", *op. cit.*, p. 70.

5. A ESTRELA DA REDENÇÃO E O NOVO PENSAMENTO: INTERIOR E FORMAS

Introdução

> *Tão inconfundíveis são os tempos
> da realidade*
>
> *ND*, p. 150.

A apresentação a seguir apresenta algumas características que exigem explicitação. Em primeiro lugar, como já destacamos na Introdução deste trabalho, não é uma apresentação linear, mas "circular": pretende reencontrar em vários momentos e em várias manifestações o corpo de intuições principais do pensamento de Rosenzweig, e vale-se, para isso, de várias fontes interpenetrantes. Em segundo lugar, não tem como objetivo traduzir fielmente a estrutura da *Estrela*, mas, antes, sugerir os pontos fundamentais daquilo que Rosenzweig veio a chamar de "Novo Pensamento", e que não se limita a uma obra específica: a *Estrela*, na condição de obra maior, ocupa muito espaço, mas, em muitas oportunidades, o curto texto "O Novo Pensamento" será utilizado de forma intensiva. Prende-se a seguinte análise, portanto, não à forma – ou formas – de apresentação das reflexões do autor, e sim ao conteúdo de *sentido* que estas formas (que, por si, mereceriam já um estudo acurado) pretendem traduzir[1]. E, em terceiro lugar, foi nossa preocupação exatamente destacar aquilo que, em nosso julgamento, é imprescindível que o leitor de hoje, nos extremos do século, perceba na obra de Franz Rosenzweig da forma mais clara possível: a sua capacidade por assim dizer *positiva* no processo de compreensão da realidade. Por último, a breve apresentação das "Partes" (*Teile*) em que se divide a *Estrela da Redenção* não tem por objetivo apresentar propriamente as idéias principais, com muitas das quais, aliás, o leitor já estará, então, familiarizado; mas objetiva exemplificar de como estas idéias principais se vão *desdobrando*, se vão interpenetrando no contexto da obra maior, evitando equívocos compreensivos.

Esta opção atípica de apresentação da obra de um pensador tem uma forte razão de ser, ao nosso ver, no caso específico de Rosenzweig: trata-se da única forma possível, segundo nosso entendimento, de possibilitar a articulação, em um trabalho da dimensão deste, das três características que nos propusemos originalmente como indispensáveis: contextualização, objetividade e acabamento sintético. Em cada momento da apresentação, tentaremos nos aproximar o mais possível destas três referências originais de nosso trabalho.

---

1. Devido a este intuito, não hesitamos em, por vezes, traduzir uma palavra do léxico de Rosenzweig por uma expressão ou conjunto de palavras em português, sempre respeitado o contexto e sempre que julgamos que tal procedimento facilitaria de alguma forma a compreensão do leitor. Da mesma forma, para um acompanhamento mais atento e crítico, colocamos no original, seguindo-se à tradução, os termos que, em nosso entender, mais se mostram passíveis de dificuldades de interpretação. O estilo peculiar da escrita de Rosenzweig, sua tendência à neologização e à combinação por vezes inusitadas de termos buscando melhor expressão, foi acompanhado *pari passu* e, em casos mais extremos, reproduzimos o original de suas expressões.

Um livro "judaico"?

Antes de tudo, faz-se necessário compreender um dos mais comuns destes equívocos: Rosenzweig seria um piedoso autor judeu, escrevendo, sobre uma base estritamente "teológica", para judeus ou simpatizantes – haja visto exatamente o título de seu *opus magnum* – o qual seria, exatamente, "um livro judaico" ou, pior, uma espécie de *vademecum* lido ansiosamente por uma juventude que, de alguma forma descontente com o processo de assimilação, desejaria localizar, ali, a fórmula de retorno à fé ancestral[2]. Porém, o livro prepara ao leitor desavisado que esperava investir em um "livro judaico" uma surpresa e uma decepção[3]. Pois ele "não é nenhum livro judaico, pelo menos não no sentido que imaginam os compradores de tais livros"[4]. E, ainda, "ele nem ao menos pretende se constituir em uma obra de Filosofia da Religião – e como poderia ser diferente, se a palavra 'Religião' nem ao menos aparece ali!"[5].

Mas o que é, então, este livro – a *Estrela da Redenção* – de nome aparentemente tão pouco equívoco? Trata-se, nas palavras de seu autor, de "simplesmente, um sistema filosófico"[6]. Mas não um "sistema de filosofia" no sentido de uma "revolução copernicana", que rearranja os elementos velhos conhecidos em uma nova ordem de aparição e de significado e, sim, um sistema que tem a pretensão de "uma renovação total do pensamento"[7]. Mas que não se entenda mal: não é meramente o *livro* que pretende levar a cabo esta renovação; é a ampla corrente de pensamento em que tanto o livro quanto o autor – entre outros – se inserem, que se inscrevem em um determinado *movimento* intelectual[8]. O que, aliás, segundo o autor, não se constitui, por si só, em uma recomendação, an-

---

2. Cf. *ND*, p. 139.
3. *Idem*, p. 140.
4. *Idem, ibidem*.
5. *Idem, ibidem*.
6. *Idem, ibidem*.
7. *Idem, ibidem*.
8. *Idem, ibidem*.

tes pelo contrário – pois as novidades não são bem vindas nem pelos especialistas nem pelos curiosos da filosofia"[9]. Pois

> o especialista permanece contente, na medida em que pode continuar fazendo aquilo que aprendeu – ou não seria um especialista; e o curioso, na medida em que é um "interessado pela filosofia", não deseja um pensamento novo e revolucionário, e sim a filosofia "certa", a "filosofia da atualidade" – ou não seria, exatamente, um leigo[10].

E, não obstante, Rosenzweig – que não é nenhum leigo – insere-se exatamente neste clima de estranheza para concretizar sua obra maior, que pretende ser testemunha eloqüente exatamente deste novo movimento intelectual.

Em outras palavras, a *Estrela* só é um livro "judaico" para o filósofo que, no fundo, quer se refugiar do que de "judaico" possui a realidade não resolúvel a priori; para os outros é, antes de tudo, um forte livro como outros livros fortes que abundam na história da filosofia e da cultura (ressalte-se novamente, um livro que possui a grave característica de ser apresentado em um contexto de contracorrente), que merece ser lido e construtivamente criticado. E tão intensamente lido e criticado quanto intenso é o seu núcleo e as asserções que o explicitam e cuja racionalidade sustentam – uma racionalidade também ela, definitivamente, "em contracorrente".

É neste espírito de contracorrente que a *Estrela* acaba vindo à luz. Gestação complicada, como já destacamos: fim de uma época, indefinições culturais, Primeira Guerra Mundial, situação geral de "tensão civilizatória", tudo metabolizado pela maturidade sintética do autor. É esta maturidade que lhe permite, correndo todos os riscos, muito investir em uma filosofia, no sentido acima descrito, "errada", perigosa, repleta de frases sujeitas a muitas falsas interpretações – em suma, de inteligibilidade muito difícil.

Não somente pelo acima exposto, mas, antes de tudo, pela extrema densidade de sua construção, é muito difícil passar ao leitor, ainda que de forma meramente esboçada, a grandeza e a erudição de uma obra como a *Estrela da Redenção*.

---

9. *Idem, ibidem.*
10. *Idem, ibidem.*

Trata-se de todo um vasto *mundo filosófico-existencial* que se oferece ao leitor paciencioso e investigativo o suficiente para assimilar e degustar toda a riqueza que se esprai ao longo de suas quinhentas e cinqüenta páginas. Há nela, porém, momentos decisivos onde toda a novidade do proposto como que salta da letra em direção à vida; e é a estes pináculos que queremos dirigir nossa atenção. Que se ressalte, portanto, ainda uma vez: tratamos, aqui, apenas de *entrada possível* na grandeza desta obra; mas, segundo todos nossos esforços e nossa convicção, de uma entrada consistente.

A construção da Estrela

Vejamos, assim, em linhas muito amplas, como se desdobra internamente a *Estrela*, através da abordagem de alguns de seus esteios principais. Nosso interesse será, exatamente, tentar acompanhar as linhas de inteligibilidade que o discurso nos propõe, por mais *estranho* que tal discurso possa soar a ouvidos da tradição, acostumados a lógicas bem-acabadas e auto-referentes; e o fazemos com a certeza de penetrarmos cada vez mais na atmosfera do tempo, do autor como do nosso. Pois o mundo de 1920 – como o nosso – não era bem acabado nem auto-referente, e suas obviedades mostraram-se lá profundamente *falsas*, tal como falsos se anunciam os grandes constructos civilizacionais contemporâneos – pelo menos no que diz respeito ao que de humano ainda resta na humanidade. Mas é neste mundo, exatamente neste e não em um seu reflexo ideal ou desconectado do caos ali estabelecido, que Rosenzweig concebe sua obra maior; os títulos de suas partes e livros se constituem à primeira vista, em seu lirismo e em sua tonalidade messiânica, um estranho e interessante contraponto à brutalidade dos fatos – mas é, paradoxalmente, *exatamente da brutalidade mais crua e indisfarçável dos fatos* de onde Rosenzweig toma o impulso maior para a construção do cerne de sua obra. Trata-se, em muitos sentidos – repitamos à exaustão – de uma obra *contracorrente* e, por isso mesmo, se estabelece como um inequívoco atestado de coragem de seu autor – e, por extensão, de seu leitor.

As partes da estrela

A *Estrela da Redenção* se divide em três grandes Partes (*Teile*), que deveriam, segundo a vontade de seu autor, serem publicadas separadamente; estas partes se dividem por sua vez, cada uma, em uma introdução e três Livros (*Bücher*)[11]. Os títulos, de difícil tradução, são os seguintes:

Primeira Parte: "Os Elementos ou o Perpétuo (*immerwährend*) Proto-mundo (*Vorwelt*)", que se divide em: "Introdução: sobre a Possibilidade de Conhecer o Todo"; "Primeiro Livro: Deus e seu Ser ou Metafísica"; "Segundo Livro: O Mundo e seu Sentido ou Metalógica"; "Terceiro Livro: o Ser Humano e seu Eu (*Selbst*) ou Metaética".

Segunda Parte: O Caminho ou o Mundo sempre renovado (*allzeiterneuert*), que se divide em: "Introdução: sobre a Possibilidade de Vivenciar o Milagre (*Wunder*)"; "Primeiro Livro: Criação ou o Fundamento Perpétuo das Coisas"; "Segundo Livro: Revelação ou o Sempre Renovado Nascimento da Alma (*Seele*)"; "Terceiro Livro: Redenção ou o Futuro Perpétuo do Limiar (*Schwelle*) do Reino".

Terceira Parte: A Forma ou o eterno Super-mundo (*Überwelt*), que se divide em "Introdução: sobre a Possibilidade de 'Orar' (*erbeten*) ao Reino"; "Primeiro Livro: o Fogo ou a Vida Eterna"; "Segundo Livro: os Raios ou o Caminho Eterno"; "Terceiro Livro: a Estrela ou a Verdade Eterna"; esta parte contém ainda uma curta seção conclusiva, de grande beleza e profundidade, denominada, simplesmente, "Porta" ou "Portal" (*Tor*).

Considerada em seu todo, a *Estrela da Redenção* é uma obra de leitura extremamente difícil e exigente, que pressu-

---

11. Sobre a estrutura geral da obra, veja-se entre outros: Reinhold Mayer, "Einführung" a *Der Stern der Erlösung*, in: *SE*, IX-XXXVII; Emmanuel Levinas, "Introdução" a S. Mosès, *SO*, pp. 9-24; Stéphane Mosès, *System und Offenbarung (SO)*, pp. 63 e ss.; W. Schmied-Kowarzik, "Der Philosoph Franz Rosenzweig – Eine Vergegenwärtigung" in: W. Schmied-Kowarzik, *Franz Rosenzweig – Existentielles Denken und gelebte Bewährung*, (*ED*), pp. 31-45; Anna Elisabeth Bauer, *Rosenzweigs Sprachdenken im "Stern der Erlösung" und in seiner Korrespondenz mit Martin Buber zur Verdeutschung der Schrift*, pp. 99-324, especialmente pp. 101-109.

põe a manutenção contínua, por parte do leitor, de suas pressuposições categoriais em toda sua flexibilidade. Trata-se de um contínuo adensamento e entrelaçamento de idéias, um diálogo constante entre as proposições e a empiria que as provam, um permanente *ousar* nos limites da lógica da linguagem discursiva, um *auto-provar-se* concêntrico e cuja arquitetura simétrica em nada alivia o trabalho de inteligibilização: filosofia construída desde o mesmo *impulso* da mais alta literatura, porém sem a liberdade de denominar-se "literatura", dado o seu aferramento constante à indicação do "para além de si": filosofia em contracorrente, que traz, de certa forma, a chave de sua própria compreensão. Como uma fuga de Bach, tem em sua primeira parte, um prelúdio pleno de inventividade e atração; segue-se o tecido propriamente dito do trabalho, o núcleo da construção que é o tema propriamente dito da construção, o coração da *Estrela*; e, após, inúmeras variações e aprofundamentos criativos, *ritornelli* complexos de temas e sub-temas que reconduzem de forma sempre nova à tensão central que deu origem ao todo e cujo sentido, embora já *dado*, é sempre novamente *explicitado* na busca contínua do equilíbrio quase impossível entre profundidade e abrangência. Mas este equilíbrio não é auto-justificante; *serve* sempre, em Rosenzweig, à reconsideração do *essencial*, o essencial que, dito tantas vezes, ainda não o foi o suficiente ou – o que é a mensagem última e mais difícil do filósofo – *nunca será suficientemente dito*. Pois este livro – que, como destaca seu autor, "é apenas um livro" – nega-se, ao fim, a si mesmo enquanto completude e recai em sua tensão original, que é simultaneamente o ousado *anúncio* do novo e a impossibilidade incoercível de inteligibilizá-lo, *até mesmo de inteligibilizar plenamente este anúncio*, confiando ao leitor, pelo recurso às asserções fortes, à contínua re-tematização, a verdadeira exploração da ordem do possível. Uma dificílima tensão: a mais plena e profunda tensão vital, incômoda, sem cores fáceis, sem consolações tolas e atemporais, sem *disfarces*: a tensão mais necessária do que nunca em tempos diluídos na leviandade e cuja característica principal é a de se alimentar à exaustão da superficialidade e da desconsolada vacuidade onipresentes.

As Formas de Desdobramento do Novo Pensamento: Breve Análise da Estrutura da Estrela

O objetivo desta seção é, simplesmente, familiarizar o leitor com a forma de estruturação do livro *A Estrela da Redenção*; ao contrário do que acontece nas demais seções deste trabalho, aqui nos interessam mais as formas do que o conteúdo, embora este também esteja, naturalmente, presente. Mas estará presente de modo apenas indicativo, e não analítico. É adiante que nossa reflexão se centrará com algo mais de propriedade no sentido que o conteúdo da *Estrela* assume – ou pode vir a assumir – para a filosofia e para a mentalidade inquieta de hoje.

As formas de desdobramento: os elementos

> *Nós destroçamos (zerschlagen) o Todo, cada parte é, agora, um Todo para si mesmo*
>
> SE, p. 28

A primeira Parte da *Estrela* é uma espécie de limpeza de campo para o exercício da grande construção que mais tarde seguirá, "a intensiva preparação de uma *linguagem*"[12] que permitirá mais tarde o trânsito do pensador entre conceitos que são sempre mais do que meramente conceitos e que, portanto, escapam à mera lógica dos conceitos. Ali apresenta-se já, de forma inequívoca, a característica forma de apresentação filosófica de Rosenzweig, que nós interpretamos como "assertórica-circular", onde a circularidade, o reenfoque, o aprofundamento crescente e a fixação dos termos ocupa o lugar que, em outros livros de filosofia, é ocupado por um diálogo fictício, onde um interlocutor ideal auxilia o autor, com suas indagações e contestações, a melhor precisar suas idéias. Em Rosenzweig de um modo geral, e especialmente na primeira Parte da *Estrela,* o que se tem são blocos de afirmações que, tão logo propostos, iniciam um processo dinâmico de

---

12. Segundo a opinião de Bernhard Casper, em comunicação pessoal.

auto-verificação e reafirmação, muitas vezes ousada, de plausibilidade, em um estilo ágil, mas carregado de dificuldades compreensivas, já que cria como que uma espécie de "linguagem particular" para a expressão dos conteúdos.

Pertence à afirmatividade do autor o recurso neologístico à partícula *meta*. Aparecem como centrais nesta primeira Parte, com efeito, uma *Metafísica*, uma *Metalógica* e uma *Metaética*, seguidas de uma curta porém muito importante "Passagem" (*Übergang*), verdadeira ponte entre o "estático" e o "dinâmico". Na Introdução, porém, é desenvolvido anteriormente o tema da possibilidade da compreensão do Todo (*All*) por parte da filosofia em seu sentido e em suas dificuldades concretas.

i – o todo

A *Estrela* inicia com a questão da possibilidade do conhecimento do *Todo*, com referência aos sistemas idealistas. Ali, Rosenzweig introduz já o primeiro dado que dará origem ao *modus operandi* da filosofia "experiencial": a condição da mortalidade, inegável para qualquer ser humano, antepõe-se à tentação de filosofia de integrar a morte em um sistema especulativo. Ao fim e ao termo, não obstante os esforços de séculos de penetrante pensamento filosófico, o ser humano deve permanecer com o medo da morte que não se deixa racionalizar por nenhum sistema de pensamento[13].

O Todo permanece, portanto, fora do alcance do mortal; e o mortal se caracteriza, exatamente, por ser solitário em sua condição real de mortalidade: cada um vive à sombra de *sua* própria morte[14]. É por isso que a filosofia tende sempre ao "idealismo", ou seja, à abstração: pretende negar o que separa o mortal solitário do Todo; e isto tende a criar uma névoa filosófica onde reina o indiferenciado, o que facilitaria a anulação da morte enquanto experiência irredutível do mortal, conduzindo-a à condição de um "pensável"[15].

13. Cf. *SE*, pp. 3-4.
14. *Idem*, p. 4.
15. *Idem, ibidem*.

Mas esta névoa não toma a feição de um triunfo com relação à morte; antes, envolve-a em uma espécie de "Noite do Nada": a origem de sua promulgação: a Morte é o Nada[16]. A morte, porém, nega-se à nadificação pela via dos conceitos: é, na verdade, Algo, algo que retorna sempre na particularidade de cada mortal e que não se neutraliza ontologicamente. Pois o Nada não é nada, é Algo[17].

Portanto, se a morte é algo, toda filosofia que a neutraliza em um Nada que se oporia ao Ser não faz mais do que construir uma abstração falsa; e esta "nadificação" de um real acontece sempre que a filosofia ocidental tem se confrontado, em seu orgulho, com algo que, em princípio, não pode suportar: uma porta fechada[18].

É na resolução da questão das "portas fechadas" que o processo de imanentização absoluta da realidade tem suas raízes; desta forma, ao fim, "o céu e a terra estariam conciliados"[19]. Isto é especialmente claro nas questões de crença ou fé (*Glauben*), que toma, com o avanço da modernidade, a aparência de uma auto-completação imanentista do conhecimento (*Selbstvollendung des Wissens*) segundo os impulsos mais originais da filosofia[20]. Por mais que se tente completar em um todo questões da experiência e da especulação, porém, permanece a contradição já expressa no caso da morte, a inconciliabilidade fática entre o pensamento e o real que, base do pensamento, não pode ser neste subsumido[21].

Tal contradição é crescentemente percebida por um conjunto de pensadores importantes, que atacam a questão. Mas "quem quisesse superar esta contradição teria de, aqui, sentir sob seus pés um 'ponto de Arquimedes' que repousasse fora de qualquer Todo cognoscível"[22]. E quem toma esta iniciativa é, entre outros, Kierkegaard; e o problema toma o aspecto,

16. *Idem, ibidem*.
17. *Idem*, p. 5.
18. *Idem*, pp. 6-7.
19. *Idem*, p. 7
20. *Idem, ibidem*.
21. *Idem, ibidem*.
22. *Idem, ibidem*.

neste autor, de reencontrar o próprio de si mesmo (*das Eigene*), o próprio que tem a si mesmo, se experiencia, e que, na questão da fé, peca e procura a própria redenção (*Erlösung*): assuntos que não interessam minimamente ao cosmo[23].

O movimento de contraposição à filosofia tornada conhecimento segue com Schopenhauer e Nietzsche. Schopenhauer, na medida em que indaga, talvez como primeiro grande pensador ocidental, não pela essência do mundo, mas por seu valor – escapando desta forma ao círculo das essências auto-explicativas[24]. Nietzsche, por sua vez, integra as habilidades do filósofo com a sensibilidade do poeta e a voz – impetuosidade – de um santo, e através dele, o espírito experimenta a libertação das alturas a que estava há séculos condenado, e o pensador configura uma unidade: ser humano e filósofo, alma e espírito seguem integradamente seu caminho[25].

Com isso, encontrando-se a si mesmo como objeto de seu próprio pensamento, deixou o filósofo de ser uma mera *quantité négligeable* para sua própria filosofia[26]. E se antes o ser humano era renegado a uma mera "divisão" da filosofia – à Ética – agora a existência humana, de certa forma tornada um problema em si e para si, como que "engloba" o conjunto das preocupações da filosofia, ou a ela se antepõe no reencontro de seu próprio espaço irredutível, um espaço demarcado pela *precariedade*, mas *também* pela *realidade*, por sua vez irredutível ao "conceito" de "realidade"[27].

Aonde conduz, agora, este grande movimento espiritual? Seu resultado mais geral é a ruptura de todo um modelo de Todo, de totalidade: "o Todo não mais pode afirmar ser tudo"[28]; perdeu sua especificidade conceitual própria.

A partir da des-identificação do Todo com "Tudo" se seguirão um corolário de des-identificações; a identidade entre Ser e Pensar não mais se sustentará. E o pensamento terá de se ver, de forma nova, com a oposição fundamental entre a

23. *Idem*, pp. 7-8.
24. *Idem*, p. 8.
25. *Idem*, pp. 9-10.
26. *Idem*, p. 10.
27. *Idem*, pp. 11-12.
28. *Idem*, p. 12.

identidade e a não-identidade²⁹. Pois a questão central não é o conceito de verdade que se realiza na identidade, mas a realidade a que todo e qualquer conceito de verdade se tem de referir – "a verdade não garante e preserva (*bewährt*) a realidade, mas, sim, a realidade é que garante e preserva a verdade"³⁰. E a verdade é, inicialmente, que a experiência não percebe um todo como sendo a realidade, mas, na visão de Rosenzweig assumindo a tripartição da tradição, três diferentes realidades: "o conteúdo simples da filosofia – o Todo de Ser e Pensamento – fendeu-se em três partes não mutuamente redutíveis e, muitas vezes, até mesmo mutuamente excludentes... Deus Mundo Ser Humano"³¹ – três "irracionalidades" frente à decomposta racionalidade do Uno, do Todo, três elementares não abrangidos pelo poder da identificação dos conceitos³², a serem abordados, a seguir, pela "Metafísica", "Metalógica" e "Metaética".

A *Metafísica* da *Estrela* nada tem a ver com o sentido tradicional desta palavra na tradição – como as palavras *Metalógica* e *Metaética* não significam o que pareceriam indicar à primeira vista. O prefixo "meta" tem o sentido, antes, de não-racionalizável em um determinado sistema ordenado. Na inspiração renovada de Hermann Cohen³³, a desagregação do Todo pensável, da racionalidade compacta, deixa em sua esteira um "Nada"; mas não é um "nada" qualquer, uma oposição precária ao "ser", um "nada" de *identificação* "com" algo que não seja ele mesmo e que acabasse, simplesmente retornando ao ser – um "nada" que se identificasse com algo enfim "determinável" que fizesse retornar o esquema anterior e acabasse por reconciliar a unidade do pensamento com a pretensa unidade do real. Trata-se, antes, de um "nada" que "indica algo, seu Algo, um Algo que, ao mesmo tempo, dormita no colo do Nada"³⁴. Um Nada que, diferente do Nada *do*

29. *Idem*, pp. 13-15.
30. *Idem*, p. 16.
31. *Idem*, p. 21.
32. Cf. S. Mosès, *SO*, pp. 54-55.
33. Cf. *SE*, p. 23.
34. "[...] es ist ein Nichts, das auf ein Etwas, sein Etwas hinweist, und zugleich ein Etwas, das noch im Schosse des Nichts schlummert" – *idem*, *ibidem*.

Ser, *refere-se apenas a si mesmo e a nada mais* e como que se *isola* de uma racionalidade identificante. Pois a sugestão que aí subjaz é: "a existência real do mundo *não é explicável* através do pensamento"[35], como a "não-existência" do "nada" também não o é. E este "nada" não é unitário – o que corresponderia, apenas, à correlação com o "ser" unitário da tradição, mas, antes "Nadas" (*Nichtse*), correspondentes a cada um dos Protofenômenos (*Ur-phänomene*).

O que está aqui proposto é, mais uma vez, o rompimento da estrutura que acopla ser e pensamento. Quando o pensamento tenta chegar ao que "sobrou" após a desarticulação do ser e do pensar, não encontra algo: encontra "nada": *nada de pensamento* – pois o pensamento não suporta nada fora de si que não fosse o Nada unitário e correlativo do ser que o pensamento conhece e resolve e que agora fragmentou-se juntamente com o Todo, com o ser unitário. Agora, o pensamento não chega ao "ser" que – justamente – é "nada" – "nadas" -- para o pensamento; "nadas" que são apenas "algos" *para si mesmos*, e não – repetimos – para o pensamento unificante.

Trata-se, sem dúvida, de realidades. Mas evidenciam-se somente na ocorrência da experiência, a cuja estrutura pertencem. São envolvidos pela experiência e não discerníveis dela a princípio. Para a consciência são estas três realidades "quase nada"; para o conhecimento racional não são nada. [...] mas este Nada real tem um conteúdo: a evidência original da facticidade e da pluralidade do real. Ainda anterior à realidade dos três elementos é a evidência do real... mesmo o pensamento é afetado por esta evidência, mas, quando tenta "regredir" até ela, embate-se não apenas com o Nada, mas com *nadas* e com a forma vazia da tríade. Quando o pensamento pretende levar a cabo a descrição deste "Proto-mundo", encontra o Nada de Deus, do Mundo e do Ser Humano[36]

– mas, em lugar de descartá-los como simplesmente insignificantes, *parte exatamente daí* – desde uma atitude fundamental de *crença* na realidade – para sua crescente aproximação da multiplicidade original da realidade.

35. *SO*, p. 53.
36. *Idem*, p. 55.

Assim, na boa síntese de S. Mosès,

em relação ao horizonte da experiência, o Nada é aquilo que permanece inalcançável pelo pensamento. É o Impensável, mas, de nenhuma forma, o Irreal. O Nada é o *Não-saber* (*Nichtwissen*). Caso o Dasein se dirija a seus fundamentos, alcança algo, já que não se embate simplesmente contra o Nada, mas, sim, contra três Nadas (*Nichtse*) especiais. Eles são quase nada, "ser vazio", e, não obstante, contêm já o essencial: realidade e diversidade. Esta evidência, de que algo real subjaz ao Dasein, chama Rosenzweig de *Crença* (*Glauben*). A crença é uma possibilidade primária do conhecimento, diversa do saber (*Wissen*). Não se trata de uma categoria teológica, mas a certeza, subjacente à experiência, da realidade do Dasein, do Mundo e de Deus. É, assim, aproximação prévia à realidade anterior a todo pensamento... e, com tal, explicita-se o sentido do primeiro Livro da *Estrela*: *trata-se de uma análise a posteriori das implicações da crença*. Não é de nenhuma forma, portanto, uma dedução das realidades fundamentais desde o Nada, mas uma análise progressiva de seu significado, tal como este decorre de sua afirmação através da crença[37].

O pensamento e suas leis cede espaço à *crença na existência da realidade que, em última análise, o sustenta em seus desdobramentos* e é prévia a qualquer desdobramento possível.

Com isso, inicia-se propriamente a primeira parte do livro. Tratará da aproximação cada vez maior destas proto-categorias através do exame aproximativo da "Metafísica", da "Metalógica" e da "Metaética", e de sua "superação", não em nível meramente especulativo, mas crescentemente "experiencial", em um encontro sempre mais próximo com a "positividade" do real, um "real" de que nenhum "pensamento" pode dar conta.

ii – a metafísica

> *De Deus nada sabemos. Mas este não-saber é um não-saber de Deus. E como tal é o princípio de nosso conhecimento dele. O princípio, não o fim... Nosso objetivo não é negativo, mas altamente positivo... Nós procuramos Deus, como mais tarde o Mundo e o Ser Humano, não como um conceito entre outros, e sim para si, con-*

---

37. *Idem*, p. 57.

> *formado em si, em sua – se este conceito não é mal-compreendido – absoluta facticidade, ou seja, exatamente em sua "positividade"*[38].

Mas o que é o "Deus" que habita a realidade pré-conceitual? É, como já vimos, um "Nada", um dos "nadas" originais. "Deus é em princípio um nada, seu Nada"[39] – o Nada-de-pensamento.

De onde advém, agora, a passagem do nada a algo que não é simplesmente "nada"? Segundo Rosenzweig, dois caminhos se abrem ao pensamento em seus primeiros passos, ao se confrontar com esse Nada: o da afirmação e o da negação, caminhos estes "tão diversos como Sim e Não"[40] – onde a afirmação – o "Não-nada" – postula uma *infinição*, e a negação propõe a limitação e a determinação[41]. E cumpre lembrar que o Nada não é aqui "determinado", mas *fonte possível de determinação*, problema e não solução, proposição hipotética, e não resultado de uma cadeia lógica; "de certa forma, nós dizemos: se Deus é (*ist*), então vale para seu Nada o que segue... seria totalmente falso uma recaída à idéia de um Nada uno e geral... do qual se seguiria algo como a Essência do mundo... o Todo está rompido, cada fragmento é um todo para si"[42].

Mas, entre os dois caminhos propostos, forçoso é escolher o da afirmação: "O Sim é o começo. O Não não pode ser um começo, pois poderia ser, apenas, um Não do Nada; mas isso pressupõe um Nada negável (*verneinbar*), ou seja, um nada que já se houvesse decidido pelo Sim. O Sim é portanto o começo"[43]. A negatividade identificada como começo implicaria, segundo Rosenzweig, ao fim, em algum tipo de mística que tivesse como pressuposto algum "fundamento obscuro" ou algo determinável segundo modelos de Eckhart, Böhme ou Schelling[44].

---

38. *SE*, p. 25.
39. *Idem*, p. 26.
40. *Idem, ibidem*.
41. *Idem, ibidem*.
42. *Idem*, pp. 27-28.
43. *Idem*, p. 28.
44. *Idem, ibidem*.

O que se quer, portanto, é partir da positividade do Sim, do Não-nada – "sim" que circunscreve um certo âmbito na infinitude a ser ocupado por aquilo que não é Nada: origem das possibilidades da realidade, proto-palavra da linguagem[45]. Trata-se, este Sim original, da origem de todo Ser, do ponto de vista da afirmação, uma "infinita proposição de Ser"[46]; do ponto de vista da negação, a contínua possibilidade de determinação, ou seja, a liberdade – e a síntese entre as duas categorias se propõe como *infinito poder*[47].

Mas a questão não está resolvida. O que se tem, na determinação racional do "infinito poder", é uma recaída na *solidão original* pré-rompimento do Uno:

> Ao mesmo tempo, porém, esta possibilidade de determinação, esta liberdade é limitada continuamente através da incontornável realidade do ser à qual esta liberdade se dirige. Não se trata, portanto, apenas de infinito poder, mas também de infinito dever, ou seja, *destino*. A realidade original de Deus implica o seu poder e simultaneamente a sua dependência de seu próprio ser. Através deste paradoxo é testemunhada a realidade do Deus vivo. Esta tensão entre liberdade e necessidade, poder e destino expressa a essência do Deus mítico. Mas o deus mítico é um deus solitário, sem mundo... uma realidade fechada, um... monismo exclusivo que tenta reduzir as demais substâncias elementares resultantes da implosão do Uno a si mesmo... Sua solidão é a do panteísmo. O Deus do mito é solitário, porque conhece apenas a si mesmo. Esta solidão somente pode ser rompida através de um ato de amor... Que Deus ame significa que a completude de sua unidade está rompida. Que o Deus do mito seja metafísico significa que ele não sai de si próprio[48]

– "eis a essência do mito: uma vida que nada conhece acima nem abaixo de si... uma vida pura em si"[49]; e esta "essência do Deus mítico permanece alcançável pela ansiedade (*Sehnsucht*) humana e mundana, mas apenas ao preço de que o Ser Humano deixe de ser Humano e o Mundo deixe de ser Mundano... no fogo da divinização"[50]. A impessoalidade absoluta, por-

---

45. *Idem*, pp. 28-29.
46. S. Mosès, *SO*, p. 63.
47. *Idem, ibidem*.
48. *Idem, ibidem*.
49. *SE*, p. 37.
50. *Idem*, p. 43.

tanto; a proximidade extrema do conceito, a mística luminescente que é Tudo e Nada, mas sempre Só. No todo estático, entre o Sim e o Não, a partícula "e" não tem, neste caso, função nem espaço a não ser enquanto conexão do Uno com ele próprio. Mas o "e" é relação original e, portanto, também proto-palavra, que traz à *realidade própria* a realidade potencial do "sim" e do "não"[51]. *Eis que a origem de tudo é a relação*, o que impedirá que a realidade plural recaia na Unidade posterior do pensamento. Chegamos aqui a um ponto decisivo e extremamente difícil do pensamento de Rosenzweig: *a originariedade da realidade plural é a relação entre os termos da pluralidade*, e não os termos em si, como se verá em maior detalhe adiante[52]. Fora da relação – da relação *dinâmica*, e não estática, reproduzindo algum tipo de ordem preestabelecida ou definitiva, concebe-se apenas a solidão, por maior que seja o Solitário. Sem a relação, o Deus mítico "conserva sua *Physis* para si. E permanece o que ele é: o Metafísico"[53].

iii – a metalógica

O que é o "mundo"?

O que sabemos do mundo? Ele parece nos cercar. Nós vivemos nele, mas ele também está em nós... é o óbvio (*selbstverständlich*), óbvio como o próprio Eu, mais óbvio que Deus. Trata-se do compreensível pura e simplesmente, cuja especificidade de determinação consiste justamente em ser conhecido, e conhecido desde si mesmo – auto-conhecido (*selbstverständlich*)[54].

Mas esta obviedade não agradou à tradição da filosofia. Ao longo de sua história, tentou-se reduzir o Mundo ao Eu ou a Deus, ou tentou-se, pelo menos, tornar a compreensão do mundo dependente destes elementos, em uma espécie de "cosmologia negativa"[55]. Ao fim de contas, porém, emerge

51. *Idem*, pp. 35-36.
52. Ver adiante, "Passagem".
53. *SE*, p. 43.
54. *Idem*, p. 44.
55. *Idem, ibidem*.

um dado cultural significativo: se a tradição percebe uma antipatia mútua entre os estudiosos (*liebhaber*) de Deus e os estudiosos do Conhecimento, tal não se dá entre os estudiosos do Mundo e os do Conhecimento – mesmo porque ambos apresentam uma certa dependência mútua[56]. Isto não quer dizer, porém, que no âmbito destas reflexões o mundo não seja mais do que uma equação já resolvida.

> Do mundo não sabemos nada. E também aqui este nada é o nada de nosso conhecimento e, portanto, um nada determinado... também aqui este nada é o trampolim para o "algo" do conhecimento, para o "positivo". Pois nós "acreditamos" no mundo pelo menos tanto quanto nós acreditamos em Deus ou em nosso Eu. Por isso, o "nada" destes três elementos só pode ser um Nada hipotético[57]

– uma provisoriedade teórica que abre caminho à experiência real.

Também aqui, deste Nada que não é absoluto porque não se refere a um Todo absoluto, acaba por emergir a "afirmação original" (*ursprüngliche Bejahung*), o "sim do Nãonada" (*das Ja des Nichtnichts*)[58]. Mas, contrariamente à auto-afirmação de Deus que coincide com o Ser, aqui tal não se dá, pois o "ser do mundo não é uma essência em repouso infinito"[59]. A inesgotável abundância de faces (*Gesichte*), sempre em surgimento e renovação, é o contrário de tal repouso[60].

Desta forma, o "Proto-sim" (*Ur-ja*) da afirmação original do mundo expressa-se de forma diferente do "Proto-sim" de Deus. Não mais o ser, mas o logos é o centro desta afirmação. "O Logos é a essência do mundo"[61]. Não porém no sentido de uma projeção racional, mas no sentido da abertura de possibilidades de inteligibilidade: não, propriamente, *ontologicamente*, mas *logica*-mente. O mundo é o "sempre

56. *Idem, ibidem.*
57. *SE*, p. 45.
58. *Idem, ibidem.*
59. *SE*, p. 46.
60. *Idem, ibidem.*
61. *Idem, ibidem.*

novo, impetuoso, dominante... infindo parto de formas... e renovação das formas"[62] – em um processo permanente de auto-renovação. Uma negação infinita do Nada original, com expressões finitas da força deste infinito, "infinita a abundância, finita a face"[63] de apresentação desta abundância. O mundo não é o "dado" (*Gegebene*), mas sempre renovado "dar", doação (*Gabe*) – e "o aparecer é o sempre-novo (*Immerneue*) no interior do todo, a maravilha no mundo do espírito"[64]; este "aparecer" que foi sempre, de Parmênides a Hegel, o escândalo da filosofia, que não pode compreendê-lo enquanto "espontâneo", "novo", o que contrariaria a potência do logos, razão pela qual se cuidou de transformar a fonte viva de novidade em um caos morto do "já dado", sempre em benefício do Todo[65]. Mas o Todo, aqui, conhece o Novo *em seu interior.*

O Logos tem, aqui, então, outro sentido: não como "criador do mundo", mas como "espírito do mundo", racionalidade ínsita à auto-organização do mundo, que não pressupõe logicamente uma massa informe, mas que acompanha – permite que se acompanhe – a geração de cada nova forma no interior do Todo[66]. O mundo é uma fonte original de novidade, um parto contínuo de novas existências e formas. "(O mundo) é, ao contrário do mundo que tudo penetra do idealismo, um mundo preenchido, formado. É o Todo de suas Partes. Estas Partes não são preenchidas pelo Todo, não são sustentadas por ele – o Todo não é Tudo, ele é, simplesmente, Todo"[67]. O sistema metalógico do mundo é fundamentalmente multidimensional, os indivíduos são relativos ao todo e particulares enquanto partes, e a sua individualidade é já um milagre frente à grandeza do todo[68].

Mas este todo é auto-referente: permanece em sua própria forma, por mais variada e pluridimensional que esta se

---

62. *Idem*, p. 48.
63. *Idem*, p. 49.
64. *Idem*, p. 50.
65. *Idem, ibidem.*
66. *Idem*, p. 51.
67. *Idem*, p. 56.
68. *Idem*, p. 57.

apresente. "Infinitamente rico em seu interior, uma colorida e poderosa catarata em permanente brilho e renovação... *Existe para ele um 'fora'?*"[69] (grifo nosso). O mundo deve concordar que sim, mas a essa concordância se segue que ele nada sabe deste fora e *nada quer saber*. Onde estão os humanos? Enquanto indivíduos, não assumem uma posição autônoma no interior deste todo, não são uma realidade em si, mas, como tudo no mundo, uma parte do mundo[70]. "O indivíduo do mundo antigo não se perde, não se subsume na comunidade para se achar, mas simplesmente para se construir: ele próprio desaparece"[71] – o que, de alguma forma, acontecerá no seio do Todo do mundo metalógico.

O mundo pode permanecer satisfeito na medida em que seu logos interno o funda e refunda, o sustenta – "[...] o mundo pode permanecer o que é... o metalógico"[72]: o mundo cíclico, auto-referente, habitante de sua auto-eternidade, definitivamente sem *tempo*[73].

iv – a metaética

"Do Ser Humano – poderíamos dele nada saber? O conhecimento do si de si mesmo, a autoconsciência, tema a fama de ser o mais seguro de todos os conhecimentos..."[74]. Esta crescente conquista do si mesmo, embora tardia, pertence à órbita do familiar ao bom-senso (*gesunder Menschenverstand*).

Assim, "dificilmente necessitaríamos ressaltar que também aqui tomamos o Nada não como um resultado, mas como ponto de partida do pensamento"[75], um "início de início"[76], que chama, como nos outros casos, à afirmação original – o "sim" que nega o nada na direção do ser.

69. *Idem*, p. 66.
70. Cf. S. Mosès, *SO*, p. 65.
71. *SE*, p. 60.
72. *Idem*, p. 66.
73. Cf. *SO*, pp. 65-66.
74. *SE*, p. 67.
75. *Idem, ibidem*.
76. *Idem*, p. 68

Qual seria, então, o "ser" do humano? "Ser efêmero é sua essência... ser em particularidade... um 'eu ainda estou aqui' vencedor... sua primeira palavra, seu Proto-sim (*Ur-ja*), afirma o seu 'próprio'... Esta afirmação funda, no ilimitado nada de seu Nada, a sua peculiaridade, o seu próprio como sua essência"[77], não no sentido de uma individualidade entre outras semelhantes, não enquanto parte de um todo, mas como Único *no* infinito[78]. "Em torno a si permanece o infinito silêncio e calma (*Stille*) do Não-nada não-humano; ele mesmo é a tonalidade na qual esta calma ressoa, um finito e, todavia, um ilimitado"[79]; pois *a unicidade de cada humano não é um caso especial da categoria mais ampla do Ser, mas é, em cada caso, o Ser mesmo*[80].

A este "Ser" está adjudicada a "liberdade de ser", não uma liberdade aos moldes daquela que cria a si própria, mas uma liberdade que a cada passo se confronta com o incondicionado, com o ilimitado; e pertence ao humano re-dizer com sua existência, continuamente: "apesar de...", "apesar de tudo..."[81], que resume a unidade em que se constitui, composta de unicidade e de vontade – vontade que é "vontade de ser si próprio"[82] e que acaba por configurar o "Eu", o *Selbst*[83].

O "Eu", porém, não é um acontecimento "natural" na história do humano: ele surge, aliás, exatamente quando o mero "indivíduo" se indiferencia no "gênero", e surge como *Daimon* no sentido de Heráclito – "o *Daimon* do ser humano é seu *Ethos*" – e se descobre sob a máscara do *Eros* ao longo da vida e, ao fim desta, como *Thanatos*. Pois, no momento da morte, quando o indivíduo é despido dos últimos restos de sua "individualidade" com relação a um determinado gênero, emerge o Eu em sua última solidão[84]. "A vida do Eu não é um ciclo, mas uma gradação de Desconhecido a Desconhecido; o

---

77. *Idem*, pp. 68-69.
78. *Idem*, p. 69.
79. *Idem, ibidem*.
80. S. Mosès, *SO*, p. 66.
81. Cf. *SE*, pp. 71-73.
82. Cf. *SO*, p. 67.
83. Cf. *SE*, p. 73.
84. *Idem*, pp. 77-78.

Eu não sabe de onde vem e para onde vai"[85]. E, em sua unicidade – exatamente por ela –, constitui-se em origem da ética:

> O Eu é uma realidade *metaética*: não é objeto da ética e, sim, seu sujeito e fonte: ele surge além do mundo moral. O mundo moral só pertence ao Eu enquanto este está unido faticamente a uma individualidade. Em si mesmo, todavia, o Eu não vive no mundo moral. Ele *tem* sua moral[86].

O Eu solitário se encarna nos heróis das antigas tragédias gregas, "enraizado em sua própria identidade e isolado de qualquer ligação com Deus e com o Mundo... o herói trágico nasce no Eros e se realiza na morte, a completação do *calar-se*"[87]. E "esta é a característica do Eu, o selo de sua grandeza e a oportunidade de sua fraqueza: ele *cala*. O herói trágico só tem uma linguagem que lhe corresponde totalmente: exatamente, o calar-se... O Eu nada sabe de fora dele, ele é pura e simplesmente solitário... o Heróico é mudo"[88]. Suas aventuras são narradas, eles debatem e disputam, mas não *falam*: sua "falas" nada mais são do que monólogos compartilhados[89]. E à medida em que Sófocles e Eurípedes tornam seus personagens mais naturais com relação, por exemplo, aos heróis de Ésquilo, perdem em intensidade trágica[90].

Assim, o trágico do Metaético – que constitui sua "essência" – é o calar-se e o compreender sem palavras. Os heróis foram feitos para serem *admirados*, e não para que se entre em relação com eles. Os Eus não entram em relação mútua, mas falam todos a mesma linguagem, a linguagem do calar-se, que soa no mesmo diapasão.

> Não surge nenhuma comunidade... Esta transmissão sem palavras do Mesmo se passa não obstante a inexistência de uma ponte entre um humano e outro. Ela não se dá de alma a alma (*Seele*) – não existe um reino das almas; ela se dá de Eu a Eu, de um calar-se a outro calar-se[91].

85. *Idem*, p. 78.
86. *SO*, p. 69.
87. *Idem, ibidem*.
88. *SE*, pp. 83-84.
89. *Idem*, p. 84.
90. Cf. *SO*, pp. 69-70.
91. *SE*, p. 88.

E, ao fim, na lógica do Eu trágico, "as ordens éticas do mundo... se tornaram mero conteúdo de sua auto-intuição (*Selbstschau*)... toda ordem ética recolhida (*eingeheimst*) em seu próprio Ethos: assim permanece o Eu senhor de seu *Ethos* – o Metaético"[92].

passagem

Estamos agora em uma das encruzilhadas mais complexas de todo o conjunto da *Estrela da Redenção*. Rosenzweig revisa, aqui, as conclusões a que chega na Primeira Parte da *Estrela* e propõe o novo itinerário. O Todo está fragmentado; cada fragmento se constitui em uma "completude" (*Ganze*). "Mas são três Monismos... três Completudes puderam ser pensadas possíveis, mas três Todos são impensáveis"[93].

A questão que se coloca agora é: qual a "ordenação" que estes três elementos configuram um em relação ao outro. Mas não se pode definir "posições": "Pois não existe nenhuma relação que não fosse possível aqui. Não há nenhuma ordem fixa entre os três pontos: Deus, Mundo e Ser Humano; não há nenhum em cima e em baixo, nenhuma posição direita ou esquerda"[94]. Pois, em suma, nada os liga – "não há nenhum impulso nos três que os obrigue cada um a aproximar-se do outro"[95] – qualquer relação não tem aqui o selo da necessidade, mas traz a marca de um "talvez", uma mera possibilidade, e cada ordenação seria tão válida quanto qualquer outra. "Talvez, talvez – não existe nenhuma certeza, existe apenas um arco de possibilidades"[96], como bem mostra a indecisão da Antigüidade com relação aos seus "conceitos" de Deus, Mundo, Ser Humano, o que conduz, no fundo, ao Politeísmo, ao Policosmismo e ao Polianthropismo, acabando por configurar uma "orgiástica confusão dos possíveis" (*orgiastischer Durcheinander des Möglichen*)[97].

92. *Idem*, p. 90.
93. *Idem*, p. 92.
94. *Idem, ibidem*.
95. *Idem*, p. 93.
96. *Idem, ibidem*.
97. *Idem*, pp. 94-95.

Mas esta confusão é apenas a aparência mais externa da fragmentação do real; a univocidade que cada um destes elementos separados anuncia por sua própria separação conduz à etapa seguinte – esta univocidade provisória que, como vimos, não é senão uma construção em hipótese para tentar compreender a mutabilidade da realidade. Na verdade, a realidade é *dinamismo* e mutação, realidade *corrente* (*Strom*)[98].

> Mas como deveriam os elementos integrar esta corrente? [...] Dos elementos mesmos deve provir este movimento correntio, e somente deles; caso contrário, não seriam eles os elementos, e a nossa crença em sua facticidade, sobre a qual se baseia convictamente a nossa reflexão, não seria sustentada através da figuração da realidade inquieta na qual nós vivemos. Os elementos mesmos têm de dispor em si da força do qual provém este movimento, e em si mesmos o fundamento da ordem segundo a qual se integram à corrente[99].

Revisemos estes passos complexos para a compreensão do todo. O que pode isto realmente significar? Neste momento, significa apenas a *plausibilidade* de uma dinâmica diferente daquela que se identifica com o pensamento unificante. Pois estamos aqui às voltas com um pensamento "fraco": um pensamento que só serve, neste âmbito, para indicar a intensidade da cisão original dos elementos. Por isso,

> não existe nenhuma compulsão que faça com que os três entrem em relação; cada um surgiu apenas como resultado, como fecho; fechados em si, com os olhos voltados para seu próprio interior, cada um, em si mesmo, um Todo... e mesmo no interior de cada um impera o "talvez"... No puro ser tudo é possível e somente possível[100].

Em que sentido se fala aqui, exatamente, de "plausibilidade"? Lembremos que em nenhum momento nos achegamos a Deus, Mundo, Ser Humano enquanto "substâncias" (a não ser que nos coloquemos na posição da Antigüidade mítica), mas apenas enquanto "relações de experiências complexas",

---

98. *Idem*, pp. 95-96.
99. *Idem*, p. 96.
100. *Idem*, pp. 93-94.

relações entre dimensões diversas da experiência[101]. É neste sentido, e não no sentido de relações teóricas entre os elementares, que a própria noção de "experiência" pode ser compreendida. Em outras palavras, é porque existe a experiência fática em sua rede de relações que se pode: a) conceber os elementares e b) conceber a possibilidade de que os elementares abriguem a virtualidade da relação. *Antes de qualquer categoria, raciocínio ou cadeia lógica, auto-postula-se, portanto, a experiência fática;* todo desdobramento intelectual não tem sentido senão enquanto penetração e explicação da experiência. E isto, que talvez nos soe tão natural, não era tão claro em alguns períodos determinantes da tradição filosófica.

Assim, esta possibilidade, dentro do sentido maior da experiência, não permanece fixada em si mesma, mas, na dinâmica da realidade, "revela-se" como real. Não é, por exemplo, a partir de uma complexa reflexão que fundamentamos nossa relação com os objetos imediatos que nos cercam, mas na necessidade que deles temos para viver, uma necessidade *relacional* antes de qualquer relação pensada, uma necessidade que se traduz em "revelação" de si mesma, e não em seu conceito. Nossa relação com o ar que nos cerca não pode aguardar sua explicitação lógica para ser empreendida, e o "nada" do Mundo para o pensamento identificador assume, na realidade, o sentido de "algo" – e algo decisivo – no âmbito da experiência real: revela-se. E a experiência real é o fático, o virtual *revelado*. "O 'tornar-se' é mistério. O revelar-se, porém, é – revelado"[102], e revelado na relação real na qual a experiência da realidade se dá.

"Assim se transforma o puramente fático na origem do movimento real. De anéis prontos advém a cadeia"[103]. O que temos até aqui? "Nós achamos... Deus, como o vivo do mito; Mundo, como o plástico da arte; Ser Humano, como o heróico da tragédia"[104]. Mas estas três "essências" foram trazidas ao contemporâneo sob a forma de Metafísico, Metalógico, Metaético. Porém, o sentido desta "atualização" pretende ser

---

101. Cf. *SO*, p. 71.
102. *SE*, p. 97.
103. *Idem, ibidem.*
104. *Idem, ibidem.*

claro: contribuir para a percepção original da *cisão* entre realidade e pensamento, por um lado e, por outro, compreender a cisão *no interior* da própria construção do pensamento. Esta cisão, que é condição, no universo intelectual, da possibilidade de relação, coloca-se nos termos da realidade da experiência como condição do movimento, do encadeamento, da *relação enquanto tal*. Escapa-se assim à determinação do estático: "as antigas Teologia, Psicologia, Cosmologia assumem, para nós, o sentido de Teogonia, Psicogonia, Cosmogonia"[105] que já na Antigüidade tinham um certo sentido de passado (teogonia – história do nascimento dos deuses), presente (psicogonia – nascimento da alma) e futuro (cosmogonia – nascimento do mundo) três *nascimentos*. E este é o sentido real dos elementos: a história de seus nascimentos, de suas "criações". E a revelação é a história deste nascimento renovado continuamente em seus fundamentos[106].

Rompeu-se portanto, definitivamente, o Único, a Ordem pré-determinada do Cosmos e o Estático; mesmo a mais remota antigüidade nasce continuamente, como o presente e o futuro mais inalcançável, nascimento que se constitui em um milagre (*Wunder*)[107].

O desdobramento: o caminho

Ao abordar a segunda parte da *Estrela*, aproximamo-nos do núcleo do trabalho. É aqui que terá lugar a aproximação do "centro da experiência". Trata-se de uma

inversão do ponto de perspectiva: enquanto durante o primeiro Livro se trata do real (as três substâncias elementares) desde uma perspectiva *externa*, a realidade é tratada, no segundo Livro, *desde dentro*. O primeiro Livro se desdobra em um espaço abstrato... enquanto o segundo Livro descreve a existência tal como essa se dá na realidade concreta da linguagem, do tempo e da diversidade das pessoas[108].

105. *Idem*, p. 98.
106. *Idem, ibidem.*
107. *Idem*, p. 99.
108. *SO*, pp. 71-72.

Nesses termos, conceitos como Criação, Revelação e Redenção não devem ser compreendidos em sentido "teológico", mas, primariamente, em sentido *existencial*.

v – sobre a possibilidade de viver o milagre

O "Milagre" (*Wunder*)[109] tem para Rosenzweig um sentido a um tempo particular, amplo e fundante. Particular, porque em nada se confunde com as conotações que esse termo pudesse sugerir a um leitor que, desavisado, a ele se achegasse com o arsenal compreensivo da tradição da religião e da filosofia[110]; amplo porque abrangerá momentos, situações e aspectos da realidade os mais diversos exatamente em sua muitas vezes paradoxal relação; e fundante porque significa, em sentido profundo, a capacidade de compreensão da realidade como tal, ou melhor: a realidade, enquanto tal, é que se apresenta, se presentifica, se renova continuamente no tempo sob a forma de *Offenbarungswunder* (milagre da Revelação) – e milagre é também o próprio processo de linguagem que traz à realidade do presente o processo sempre contínuo, sempre renovado de criação e de reencontro com o sentido. Uma longa, longuíssima história, que culmina de certa forma *a cada momento*, que simultaneamente, em cada segundo, se completa e renova seu próprio horizonte pela linguagem, seu "signo visível"[111]. Em última instância, compreender o milagre significa integrar-se no mais íntimo *real* da experiência, a "forma sensível" da realidade. Os Elementares – que, de algum modo, se mantêm na estrutura real da existência – significam a um tempo uma estrutura conceitual prévia *e* o fato de sua própria negação na realidade: "a passagem do âmbito dos Elementares significa, ao mesmo tempo, ruptura e preservação"[112]; ruptura com o formalismo, ainda que com o formalismo da dife-

---

109. A palavra alemã *Wunder* tem uma abrangência semântica algo mais larga que os correspondentes em português "milagre" ou "maravilha"; a tradução uniformizada serve, aqui, para fins de simplificação.
110. Cf. *SE*, pp. 103-122.
111. *Idem*, p. 122.
112. *SO*, p. 74.

rença – *já que nenhuma diferença real pode ser concebida em termos formais* – e preservação, *no âmbito da existência real,* de uma "origem de inteligibilidade", que, pela tensão entre afirmação e negação (onde "negação significa que uma certa essencialidade é vivida, enquanto que 'afirmação' significa a vivência de uma variedade-multiplicidade na continuidade")[113] gesta seus novos frutos. O que está aqui em preparação é o exame de um complexo processo de relação entre as dimensões da existência em sua própria dinâmica, uma *Intriga* no sentido de Emmanuel Levinas[114].

vi – criação

O Deus mítico permanece encerrado em si mesmo, recolhido ao seu "Burgo", em sua vida auto reflexiva[115]. Ali, não há novo, não há milagre, não há *fora de si*, não há criação. A criação inicia em um ato de *expressão*, e expressão afirmativa. *Deus nega-se a si mesmo a pura circunscrição de sua vida divina e exterioriza-se – exterioriza a realidade – em uma afirmatividade (pré)-original:* retira-se de sua invisibilidade e "assume o visível"[116].

A Criação, por sua vez, assume esta afirmação, em sua condição de palavra original em sintonia com sua proto-palavra de origem. Ela se expressa, ao se constituir em um "sim" original da existência; e insere, no Infinito, um "desta forma" e um "como". Nenhum infinito permanece mais indiferenciado em sua infinição, indeterminado em sua abundância inimaginável, que significa, também, um vazio inconcebível – mas, antes, é como que penetrado pela diferença, quase se poderia dizer: pela *particularização de um destino*[117]. A afirmatividade original vem a significar: na criação, emerge a diferença real no indiferenciado lógico através da desneutralização deste indiferenciado.

113. *Idem, ibidem.*
114. *Idem*, p. 75.
115. Cf. *SE*, p. 124.
116. *Idem*, p. 125.
117. *Idem*, p. 141.

Em que consiste, agora, esta des-neutralização ou, de outro modo, como não recai novamente esta des-neutralização no esquema lógico original? É que a afirmatividade constitui, já, uma negação do indiferenciado, uma *propriedade* do real. Dizer "*sim*" não significa aqui, simplesmente, "opor-se ao 'não' da indiferenciação" como um seu reflexo invertido, mas, sim, indica o ultrapassamento de sistemas neutros lógico-duais. Dizer *sim* significa, em outras palavras: inserir o diferente, diferenciar do indeterminado, diferenciar-se do mesmo. Pois o "desta forma", o "como", que caracterizam a des-neutralização, o fazem porque indicam: *esta* forma é boa, é melhor que aquela, e por isso é afirmada, ou, esta forma é afirmada – é *criada* – porque é melhor que outras, que a infinitude indiferenciada dos meramente possíveis. A criação não é um ato de necessidade ou de neutralidade, ou algum tipo de correlação lógica, mas já, originalmente, um ato particularíssimo e inconfundível de preferência, de *escolha*: a escolha afirmativa do 'bom' que perpassa a narrativa da Criação.

Através de todo este capítulo... passa uma frase, constituída de uma só palavra... A frase é "bom!": foi, é e será – "bom". Nesta afirmação divina do Dasein criatural consiste a criação. Este "bom!" é a palavra final de cada dia da criação, porque não é outra coisa senão a muda proto-palavra de seu início[118].

Estamos em um dos pontos centrais e mais complexos da obra de Rosenzweig, sem cuja compreensão o demais se perde: *a escolha do criado, a opção exatamente pela criação, não é primariamente uma escolha lógica ou cosmo-lógica, mas uma escolha moral; a lógica lhe é, definitivamente, subsidiária, e não antecedente*[119]. A criação não pode ser compreendida a partir dos parâmetros de uma cintilação do pensamento ou da emanação "negativa" ou "neutra" ou "necessária" da divindade lógica, estática e fechada em si mesma, mas, apenas, através da perspectiva de um *ato primigênio de criação*. Acreditar no contrário é a falha básica das lógicas neu-

118. *Idem*, p. 168.
119. Cf. *SO*, pp. 79-80.

tras, quando a criação não é concebida senão como uma emanação necessária, uma descida ou decadência do Uno aos Muitos, ou como um ato de magia. Pois a Coisa (*das Ding*) criada não é simplesmente uma Coisa entre infinitas outras, mas, em sentido exato, *uma* bem determinada Obra (*ein Werk*), uma e não outra obra, uma obra *escolhida* e perpetrada, e exatamente aquela; o resultado de um dia de trabalho da Criação[120]. A Criação é uma *linguagem,* uma gramática da escolha[121].

Eis, portanto, o criado: exatamente, o *escolhido*. O criado já é, mas – acima de tudo – é *bom*; o campo está semeado, oferece-se à vida e à morte – pois a morte pertence ao campo de circunstâncias da existência do criado[122]. Com ela, fecha-se o ciclo do passado, do *acontecido*, e abre-se a perspectiva do *acontecer*.

vii – revelação

Chegamos agora, tanto em termos geográficos como de sentido, ao *centro* da *Estrela da Redenção*. Pois o acontecimento da Revelação[123] é o central de toda a *intriga* sugerida na criação: é o *aqui* e *agora* em que o possível se torna real, *acontece*.

Se a Criação se refere ao passado, que *em seu tempo* se projetou ao futuro – oportunidade de experiências diversas, inclusive da experiência radical da finitude e do acontecimento decisivo da morte, a Revelação sintetiza todos os instantes no acontecimento especial de *seu presente*, um presente que, em processo de acontecimento, é *único* e irrepetível em si mesmo, em seu acontecer absolutamente singular. *Pois é no presente,* sobre as bases legadas pelo passado da criação, que o

---

120. Cf. *SE*, p. 168.
121. *Idem*, pp. 170-171.
122. *Idem*, p. 173.
123. Sobre o complexo conceito de "Redenção" desde a "Revelação" na obra de Rosenzweig, cf. B. Casper, "'Das Gebet Stiftet die Menschliche Weltordnung' – Zum Verständnis der Erlösung im Werk Franz Rosenzweigs".

propriamente *real* da realidade tem lugar. A *consciência complexa da mortalidade do ser finito faz com que o real âmago da realidade não possa ser adiado:* cada momento é, em si mesmo, um último e irrecuperável *instante de decisão* da existência. É ali, e não em seu sucedâneo imediato, que as questões da existência se decidem, que os "acontecimentos acontecem" –

> O ato de liberdade, enquanto ser próprio e essencial, revelou-se no poder criador; agora necessita o ser aferrado à necessidade (*schiksalgebundene*) em uma inversão correspondente ao revelar-se como acontecimento vertido do instante (*augenblicksentsprungenes*), como acontecimento acontecido[124].

Cada verdadeiro instante é, assim, instante *de acontecimento*; e o acontecimento central que traz ao instante seu peso próprio, que o separa definitivamente de sua antecipação e de sua rememoração, é o acontecimento do *amor*.

> É no amor que todas as exigências inerentes ao conceito de "revelador" (*Offenbarer*) se encontram, o amor de quem ama (*Liebender*)... Apenas o amor de quem ama é neste instante renovada auto-doação, apenas ele doa-se no amor... Quem ama deriva o seu amor da medula estrutural (*Stamm*) de seu Eu (*Selbst*), como faz a árvore com seus galhos[125].

Trata-se sempre de um acontecimento *único* em um momento sempre absolutamente especial –

> Apenas através deste momento pode o amor atingir uma vida plena, mas neste momento este alcançar é real; e isto porque este todo é então, pelo amor, penetrado com sentido sempre novo e ora este, ora aquele particular é irradiado e revivido – um caminhar que, iniciando novamente todos os dias, não necessita nunca chegar a seu término... ele está todo neste momento... e ele julga, neste momento, estar no cume do possível mas, com cada novo dia, percebe que nunca havia amado tanto o fragmento de vida que ele ama como hoje; todos os dias o amor ama o amado um pouquinho mais[126].

124. *Idem*, p. 178.
125. *Idem*, p. 181.
126. *Idem, ibidem.*

"O amor não é uma propriedade, mas um acontecimento (*Ereignis*)."[127] O amor é a negação da eternidade estática e, mesmo em seu extremo concebível, reivindica o tempo e a duração que se desdobram de forma sempre *nova* – "O amor de Deus é sempre no instante e no ponto em que ama, e apenas na infinição do tempo, passo a passo, passa de ponto a ponto e penetra o Todo". O amor é o *núcleo* da realidade, sua referência maior, é o que propriamente *acontece* no acontecer do tempo. O amor é a *revelação propriamente dita*, o estabelecimento original de dois pólos: Deus e Ser Humano[128]; mas não o Deus metafísico e o Ser Humano metaético, figuras mentais incapazes de falar e de ouvir, ocupados totalmente em si mesmos e com seus dramas em sua solidão distante e trágico-heróica; trata-se, aqui, do estabelecimento de uma linguagem que exige para se estabelecer, obviamente, *pelo menos* duas referências *radicalmente diferentes*[129]. *Também neste nível profundo, acontecente e não meramente conceitual, a realidade só é concebível enquanto pluralidade*. Estabelecer a linguagem: eis o Mandamento fundamental, o Mandamento do aqui e agora – "é o hoje, no qual vive o amor de quem ama, o hoje imperativo do Mandamento"[130]. O Mandamento fundamental, a linguagem do amor – recepção da Alteridade que é a linguagem em sentido mais próprio[131] – é o verdadeiro núcleo da realidade e, em assim sendo, é o *princípio* de toda experiência real, aquilo que chama ao *futuro* e desvenda o caminho para sua efetiva realização no mundo.

viii – redenção

A Redenção é decorrência da Revelação e necessidade aberta por esta, é o exercício do Mandamento no aqui e agora, a

relação de trocas entre o Ser Humano e o Mundo. Seu modo verbal é o futuro (assim como o modo da Criação é o do passado e o da Revelação o do

127. *Idem*, p. 183.
128. *Idem*, p. 186.
129. *Idem*, pp. 186-189.
130. *Idem*, p. 198.
131. Cf. *SO*, p. 89.

presente). Na Redenção se constituem Ser Humano e Mundo frente a frente como realidades completas... pois o Ser Humano chamado à existência falante ainda não é o Ser Humano completo[132].

O que falta agora, objetivamente, a esta completude? É que o Ser Humano enquanto crente (*gläubiger Mensch*) é, em si, ainda solitário e mudo e, portanto, em tentação: tentação de crença na presença atemporal do conceito e na segurança enganosa da solidão. Ele periga escorregar no abismo da mística –

> Sua alma se abre a Deus, mas, porque se abre somente a Deus, se lhe permanece o Mundo invisível e fechado em si... não é nenhum acaso, mas de fundamental importância para ele, que... trate o mundo como se não "existisse" verdadeiramente, não "estivesse aí", "não estivesse já aí", como se não tivesse sido criado... mas, de momento a momento, exatamente por contingências do momento, aí estivesse o mundo pronto cada vez que lhe dirige o olhar... o herói era ainda um ser humano, ainda que habitante somente do "pré-mundo" (*Vorwelt*). O místico não é um ser humano, quase não é nem meio ser humano, mas apenas um recipiente para a vivência de seus arrebatamentos[133].

O místico é uma criatura em tentação, ou já em crença, da inexistência da realidade propriamente dita, aquela onde pisa e que respira: fechamento e negação da própria realidade enquanto esta é – como já temos examinado exaustivamente – exatamente possibilidade e realização da *negação radical da solidão*. Não é, portanto, pela via da mística que o Ser Humano aproximar-se-á de si mesmo.

Há que se retomar, portanto, exatamente o mesmo princípio que norteia a primeira abordagem da realidade. Nenhuma concepção de realidade que se explique em si mesma e para si mesma é suficiente, *nenhum "mundo" que se recolha à sua própria fórmula é real*, mas, se assim é possível dizer, trata-se da "sombra eterna de um inexistente". E a questão fundamental é perceber esta impossibilidade de realidade no interior da própria *possibilidade humana* – ou seja, da própria possibilidade de pensar o humano como tal – como negação radical da solidão.

132. *Idem*, p. 101.
133. *SE*, pp. 231-232.

À medida que o ser humano se abre em sua completude, torna-se imediatamente visível e audível. Ele pode agora impor (*erzwingen*) seu ser-visto e ser-ouvido; não é mais uma figura rígida de mármore como o herói da Antigüidade; não, ele fala. O coro das tragédias antigas se torna desnecessário. Ele não necessita mais, como o herói, ser trazido à visão dos espectadores... pois o herói na nova tragédia... está lançado nas correntes conturbadas do mundo, totalmente vivo... Este herói muito humano, que destila mortalidade em cada membro (...*an allen Gliedern zittert vor lauter Sterblichkeit*...)... este herói é visto em plena vida pelo espectador no diálogo; aqui tudo é – exatamente ao contrário do que se passa na tragédia antiga – plena vontade, plena ação e reação; não há nenhum espaço para uma consciência que se eleva acima do momento[134].

A contrapartida ao herói clássico se materializa no *santo*[135], e santo significa aqui: "aberto e decidido ao mais alto, em contraste ao herói imerso nas sombras perpétuas do Eu"[136]. Abertura contraposta ao trágico fechamento da própria limitação, *Decisão* pelo mais alto possível, decisão irrevogável e definitivamente referida ao *fora* do meramente "si mesmo".

Esta decisão ao mais alto, ao mais difícil e desproporcional à mera finitude do desejante enquanto tal, ou seja, enquanto abandonada a si mesma e à sua solidão, deverá certamente assumir alguma forma de ação e expressão que seja, em si, a contrapartida à possibilidade do autofechamento: o *amor*; pois a decisão verdadeira é, já, uma materialização determinada de ação e expressão. Mas esta ação que é expressão não se perde no imponderável, no numinoso ou no diáfano. A ação e expressão do mais propriamente humano – o seu *amor* – se dirige ao *mundo*.

O que é, agora, "mundo"? Já o sabemos: não uma neutralidade material ou uma necessidade lógica para a sustentação de um "Eu", muito menos o somatório infinito das complexidades e dos fatos constantemente *formulados* e *re-formulados,* em verdade girando em torno à necessidade de uma fórmula, a um foco conceitual que nada mais é do que a forma intelectual de um presente eterno. Este mundo não seria capaz de receber o amor: apenas de fazer retornar ao Eu a sua

---

134. *Idem*, p. 233.
135. *Idem, ibidem.*
136. *Idem*, p. 236.

própria solidão. Assim, *mundo é a possibilidade e a necessidade de recepção do amor* – "o mundo é o outro pólo ao qual o amor ao próximo se dirige"[137]; pois o amor não é uma mera virtualidade vazia ou cega, mas uma *intencionalidade* muito clara[138]. Para o ser humano na condição fundamental de sua finitude, o mundo é, antes de mais nada, a pré-condição de toda e qualquer pluralidade, ou seja, a condição da rejeição do *status* solitário auto-referido.

Esta pluralidade não é, obviamente, função de uma cosmologia matemática: é a oportunidade do *agir*, da exteriorização, do amar. "Próximo" é o que, estando no mundo, determina a pluralidade como inelutavelmente *real*. E é ao Próximo ("pessoas e coisas [Menschen und Dinge] que, a cada momento, assumem o papel de próximo"[139]) que o amor se dirige, e só é amor caso se dirija, propriamente, ao que – por ser constitucionalmente *pluralidade* – se subtrai à solidão e é, simultaneamente, condição de subtração à solidão do amante, condição de seu encontro com o que não é ele.

Portanto, é na "lógica" da *crono-logia*, na "cronológica" da realidade, que *passa* do passado ao presente e *anuncia – exatamente neste momento irrepetível e em absolutamente nenhum outro!* – no presente o futuro: Criação, Revelação, Redenção –, é no *instante* da realização fática do amor ao Mundo que a realidade *se confirma como tal*. Evitação final do estático, é a condição primeira e fundamental da própria *vida*, "retorno" à *afirmação original* e necessidade absoluta para a *constituição* – reconhecimento, construção, ação, diálogo, intriga – do sentido mais profundo – e portanto mais *real* – da realidade. Realidade que não "é" um acúmulo de coisas, de gente, de fatos, de seres vivos e inanimados, mas

---

137. *Idem*, p. 243.
138. *Idem, ibidem*. É notável a semelhança que assume, aqui, a concepção de Rosenzweig com relação ao modelo da intencionalidade fenomenológica, com o qual o pensador de Kassel não cultivou maior proximidade. Sobre a idéia de uma "fenomenologia não-husserliana" em Rosenzweig, cf. Bernhard Casper, "Zeit – Erfahrung – Erlösung. Zur Bedeutung Rosenzweigs angesichts des Denkens des 20. Jahrhunderts", pp. 22 e ss.
139. *Idem, ibidem*.

que *foi* e *será* a infinitude dos *encontros* com as pessoas, as coisas, os fatos, os seres vivos e inanimados, a complexidade infinita. Tempo – mas tempo definitivamente *vivo* e *real*: antípoda da extinção amarga de uma finitude monádica e saudosa da eternidade estática.

limiar

> *O mais próprio do ser humano é*
> *seu próprio destino*
>
> SE, p. 314

À descida ao reino subterrâneo povoado por formas solitárias e mutuamente estranhas, à condição de um Todo reduzido a fragmentos, seguiu-se uma escalada... Nesta escalada foram reconfiguradas em unidade as partes nos quais o Todo se dividira, mas não na unidade procurada anteriormente pela filosofia e por ela pressuposta, não na unidade da esfera "convergente em si mesma" (*der überall in sich selbst zurücklaufenden Kugel*)... o mundo que nos aparece durante a escalada não orbita em torno a si mesmo, mas irrompe do infinito e mergulha novamente no infinito...[140]

Abriu-se um novo mundo à própria inteligibilidade, mas um mundo realmente *novo*, que o antigo não explica, já que o antigo não resolve, em uma fórmula qualquer, o definitivo *instante de decisão*, o instante irrepetível em que a realidade é real e não meramente uma sombra inteligível de si mesma. Crescimento vivo, e não reconstrução posterior; o levar a sério a experiência que é vida *desde dentro de sua própria realidade*, e não desde fora, desde os parâmetros descobertos ou arbitrados como inteligíveis para sua *re-construção*[141]: limiar entre o "milagre" e a "iluminação"[142].

---

140. *Idem*, pp. 283-284.
141. Cf. a famosa metáfora das "limalhas de ferro" de Bergson: não se reconstrói o movimento de um objeto em uma caixa de limalhas de ferro através do somatório dos movimentos reativos e particulares de cada partícula afastada de sua posição original pelo movimento do objeto; apenas o movimento *em si* pode vir a ser potencialmente compreendido como tal, e não sua figuração secundária, lógica ou matemática, sempre espacial e figurativa.
142. *Idem*, p. 291.

O acabamento do desdobramento: a forma

> *O mundo não é nunca sem a palavra, ele é somente na palavra, e sem a palavra o mundo não seria*
>
> SE, p. 327.

O interesse de Rosenzweig recai, nestas seções finais de *A Estrela da Redenção*, nas formas de desdobramento do drama da Redenção que potencializa os pressupostos da Criação e da Revelação. O livro se encaminha lentamente para seu final, e o discurso, retomando seus focos fundamentais, tece a teia que pretende unir, em cada ponto, a máxima abstração das referências aos conteúdos práticos e históricos destas referências, suas concretizações. Inicia-se a descrição das modalidades de exercício efetivo de inserção no tempo, na temporalidade onde o drama humano aberto, compreendido coletivamente, se desenrola. Mais uma vez, estamos às voltas com a intuição fundamental da verdade plural: segundo a ótica de Rosenzweig neste momento, Judaísmo e Cristianismo – cada um à sua forma, cada um desde sua perspectiva e no sentido de sua própria história – contribuem para o desvelamento histórico da realidade compreendida como efetivação teleologicamente referida da potencialidade do mundo e de suas relações em processo contínuo de construção e de descoberta do novo.

ix – o reino

> *Pois o caminho em direção ao passado é um caminho que nunca pode ser trilhado...*
>
> SE, p. 300.

"O amor não pode senão atuar (*wirken*). Não há gesto de amor ao próximo que afunde no vazio. Exatamente por ter sido cegamente executado, tem de manifestar-se em algum lugar como efetividade. Em algum lugar, em algum lugar totalmente insuspeitado"[143]. *Inicia-se a aventura*, a "descober-

---

143. *Idem*, p. 299.

ta" da infinitude do real. Ama-se, e ao se amar *pede-se pelo Reino* – a realização do amor – ao confiar na virtualidade infinita do futuro. Abertura: confia-se no "desconhecido", apesar de toda sua improbabilidade para a lógica unificante do intelecto – "é muito improvável que o ato de amor atinja seu alvo"[144]. Ama-se e ora-se: ora-se pelo futuro e seu sentido. Ora-se; e orar significa "mirar o mais distante dos alvos"[145]. E esta "oração funda a ordem humana no mundo"[146]. Ama-se com o pleno realismo da incerteza, ama-se com a crença aberta nos *efeitos colaterais* (*Nebenwirkungen*) que este amor pode emprestar à realidade como um todo, ou seja, em sua infinita pluridimensionalidade[147]. *Confia-se no tempo*: metamorfose dos temores – não se teme a morte, incompreensível para o presente de "não-morte", mas *o próprio cadáver*, ou seja, o meramente *algo*, tornado *incapaz de amar*[148]. O tempo "abre-se", desde que a confiança no amor fenda o bloco maciço da auto-referência, o que significa ao mesmo tempo o assumir do próprio destino – sua unicidade: "corpo e alma tem [cada um] de certa forma como todos os outros; o seu destino ele tem para si mesmo... [e o destino] é o que experimenta 'em sua própria carne' "[149] – e funde a esperança, que é por sua vez "fusão de velhas forças, interpenetração de fé e amor [...] que se auto-alimenta"[150]; esperança que é, já em si mesma, irrupção escatológica no anverso da totalidade: oração que é expressão coletiva de expectação do futuro[151]. A "forma é assim mais do que os elementares, mais do que o real, o imediatamente perceptível..."[152]; é a expressão da sabedoria divina que sustenta a ocorrência do encontro e da verdadeira comu-

---

144. *Idem, ibidem.*
145. *Idem,* p. 301.
146. *Idem,* p. 298. Sobre o sentido da noção de *erbeten* em Rosenzweig, veja-se Bernhard Casper, "'Das Gebet stiftet die menschliche Ordnung' – Zum Verständnis der Erlösung im Werk Franz Rosenzweigs".
147. *Idem,* p. 300.
148. *Idem,* p. 394.
149. *Idem,* p. 314.
150. *Idem,* pp. 316-317.
151. *Idem,* p. 325.
152. *Idem,* p. 328.

nhão, expressa por Rosenzweig em uma frase muito bela: "Deus dá sua sabedoria... à fé e à descrença, mas apenas quando a oração das duas em conjunto se apresenta a ele"[153]. *Negação* radical da solidão, verdadeiro início do *Reino*: *vita aeterna*.

x – o fogo

A vida eterna de que aqui se trata nada tem a ver com a eternidade estática: constrói-se em um renovar contínuo de sua relação com o amor, por sobre a base imprescindível da pluralidade da comunhão construtiva. Rosenzweig destacará aqui o modelo do Judaísmo como processo de reafirmação desta vida, "de avô a neto..., [em cuja relação] a comunidade... empresta à esperança no futuro uma garantia do presente"[154]. Um "Nós" que experimenta, na própria reconstituição constante e redescoberta da própria comunidade, o sentido da eternidade: povo[155], e que, "desenraizado da terra, e por isso eternamente nômade, é todavia profundamente enraizado [em si mesmo]... garantia de eternidade"[156].

A recomposição constante através da reafirmação diuturna da *vida* – da qual os rituais e as festas constituem um cíclico "depoimento" – constituem em si mesmas, através da ciclicidade do ano, a "ciclicidade do povo"[157]. Pluralidade que é "forma social da eternidade"[158].

Cada ano, cada festa da vida que festeja Criação, Revelação, Redenção, cada novo reencontro com a auto-exigência de enraizamento no mais profundo de seu ser, estabelece um novo anel desta cadeia especial em torno à sua própria raiz, construção e reconstrução, processo definitivamente estranho e incomodativo ao Estado e à História finalista do mundo[159] – mas ao mesmo tempo em contínua reafirmação da pluralidade

---

153. *Idem*, p. 330.
154. *Idem*, p. 331.
155. *Idem*, p. 332.
156. *Idem*, p. 339.
157. *Idem*, p. 364. Cf. também *SE*, p. 369.
158. *SO*, p. 129.
159. Cf. *SE*, p. 371.

e dos *fundamentos* constantemente referidos ao núcleo da realidade e que, portanto, configura também, na negação da atemporalidade estática, uma "paradoxal relação com o tempo histórico"[160] – e que é energia paradoxal e incansável, sempre reiterada. Projeto e realização da Redenção, "fogo que queima em si mesmo"[161].

xi – o irradiar

Este momento da *Estrela* tratará, de forma simétrica à seção anterior, da questão do Cristianismo, e onde este é encarado em sua dimensão, igualmente, de potencial redentor. Estamos novamente em contato com o que temos chamado a "intuição primordial" da obra de Rosenzweig: "Que existam dois caminhos igualmente verdadeiros à Redenção, que a verdade não se apresente, no cume da experiência humana, como una, mas como dupla, este fato relaciona-se ao dado de que a *Estrela*, desde seu início, refira-se à intuição da facticidade da *multiplicidade* do real"[162] – e é na verdade a *mesma* proposição de multiplicidade que já na tríade original de toda a construção se faz presente, bem como na ainda mais anterior percepção da afirmação e da negação primigênias[163]. Esta multiplicidade assume sempre novas formas à medida que a realidade se desenrola e a descrição tenta acompanhá-la; ressurge a cada momento o conetivo "e", que assume de certo modo a referência unívoca do verbo ser no presente do indicativo – "é". Afirmação *e* Negação (onde Afirmação *não é* Negação), Deus *e* Mundo *e* Ser Humano (onde nenhum se reduz ao outro), Judaísmo *e* Cristianismo (onde Judaísmo *não é* Cristianismo); a multiplicidade não perde oportunidade de se reafirmar.

160. *SO*, p. 129
161. *SE*, p. 372. Para uma análise histórico-crítica desta concepção de judaísmo de Rosenzweig, especialmente em sua complexa relação com as questões da assimilação e o Sionismo, cf. S. Mosès, *SO*, pp. 162-168, especialmente pp. 165-167.
162. *SO*, p. 178.
163. *Idem, ibidem*.

É neste sentido que o tratamento do Cristianismo gozará por parte de Rosenzweig da mesma *dignidade de realidade* do Judaísmo. O Cristianismo, enquanto projeto escatológico que tem em Cristo sua referência de origem, ou seja, que *funda*, em seu surgimento já a antevisão do *telos*; e

o cristianismo é, assim, quem fez do presente uma época. Todo o tempo que transcorre entre a transfiguração de Cristo até seu retorno constitui um único grande presente, aquela época, aquele prorrogar (*Stundung*) dos tempos, aquele intervalo, sobre o qual o tempo perdeu o seu poder. O tempo é agora mera temporalidade... sobra ao tempo apenas um caminho, mas um caminho cujo início e fim estão situados além do tempo, e, assim, um caminho eterno[164].

O que é o futuro? "[...] é o Juízo. [E entre o agora e o Juízo] medeia uma única hora, um único dia, o tempo cristão, em que tudo é entremeio, tudo é igualmente claro"[165].

Este entremeio, este presente em "expectativa", traz em si uma exigência: a da *fraternidade*. Pois é só assim que multiplicidade de gêneros, idades, classes, raças, pode se dar verdadeiramente, enfim que *mundos* podem verdadeiramente se encontrar *no mesmo tempo*, no mesmo interstício temporal, sem se reduzirem todavia à mesma massa amorfa[166]. *A fraternidade é a garantia da manutenção da diferença primeva entre os seres –*

a fraternidade estende sua ligação (*Band*) entre as pessoas, as quais nenhuma é igual à outra; ela não é absolutamente igualdade de tudo o que porta o rosto humano (*Antlitz*), mas unanimidade (*Einmütigkeit*) que se cria exatamente entre pessoas com os mais diferentes rostos. E apenas isto é o verdadeiramente necessário: que os seres humanos tenham um rosto – que eles se vejam mutuamente[167].

A essência da relação no Cristianismo é o Encontro entre diversos, mas diversos que respiram o *intervalo* entre a eternidade da Mensagem e a do Juízo: "No meio do tempo miram-se mutuamente os contemporâneos. Eles se encontraram

---

164. *SE*, pp. 375-376.
165. *Idem*, p. 377.
166. *Idem*, p. 382.
167. *Idem*, p. 383.

nas fronteiras do tempo..."[168]. E a essência das festas cristãs é, precisamente, o festejar desta contemporaneidade[169].

O Cristianismo é, portanto, *caminho, verdade, vida*, como o próprio Cristo. Caminho no *entre-tempo*; verdade da pluralidade e do encontro, sustentação da realidade; e vida enquanto negação da eternidade estática, *telos* reconduzido continuamente à sua condição original de *esperança*, ou seja, negação da não-vida. Vida: "[...] esta é a 'redenção' (*Heimkehr*) da experiência, do cuidado da verdade. A verdade está por detrás do caminho"[170] – e reconstrói-se, exatamente, na plena consciência, sempre recorrente e revivida, da multiplicidade e da contemporaneidade do verdadeiro *encontro*.

xii – a estrela

> *No olhar humano revela-se assim a verdade divina. A mais alta experiência mística coincide com a recepção do olhar do Outro*
> S. Mosès[171]

Deus é a verdade. Verdade é seu selo, o selo pelo qual ele é reconhecido... A vida subiu à luz... A muda escuridão do pré-mundo tomou expressão na morte. Sobre a morte abateu-se algo mais forte, o amor. O amor decidiu-se pela vida... Deus nem vive nem está morto, mas ele dá vida ao Morto, ele ama... A revelação do amor divino é o coração do Todo[172].

Estamos agora na *extremidade* da *Estrela*; retoma-se a questão original, a mais profunda e decisiva: "o que é a verdade?" – mas, agora, sem formalizações, sem retraí-la a algum esquema de antinomias lógicas, mas enquanto *auto-afirmação de sua própria realidade*, em sua coincidência primária com a Realidade[173].

168. *Idem*, p. 384.
169. *Idem*, pp. 404 e ss.
170. *Idem*, p. 422.
171. *SO*, p. 222.
172. *SE*, pp. 423-424.
173. *Idem*, p. 429.

Percebemos, ao longo do livro, que "a facticidade seria o mais profundo que a verdade teria a dizer sobre si mesma. Este mais profundo é o que exige confiança enquanto fato"[174]; e esta exigência de confiança na facticidade mostra que "a verdade é tudo menos um conceito geral (*Allgemeinbegriff*), no qual talvez a essência de Deus se deixasse esclarecer"[175]. Assim, a frase "Deus é a verdade" é tudo, menos o abordar desta verdade mesma – ou melhor, é a negação de si mesma enquanto pura asserção lógica. *Não estamos, definitivamente, no mundo das essências, nem de 'Deus', nem de 'Verdade',* nem do que quer que seja. "Não é Deus Ser Humano Mundo que é o imediato, mas Criação, Revelação, Redenção"[176]. *A roda do tempo não está parada*; ela não foi transformada em fórmula ou detida em seu decorrer pela onipotência de seu intelecto, a fim de que pudéssemos dissecá-la; continuou jorrando fatos na realidade, continuou constituindo a Realidade, as Realidades. Desta realidade fazemos parte, *devemos fazer,* dispomos do *instante* e da capacidade de *decisão* para fazê-lo. "Achamo-nos. Colocamo-nos. Mas devemos ter a coragem de nos colocar na verdade, a coragem de, em meio à verdade, pronunciar o verdadeiro. Podemos fazê-lo. Pois a última verdade – não é nenhuma senão a nossa... Nós expressamos nosso verdadeiro lá onde nos encontramos... Não há acaso"[177]. O Acaso é um cognome para uma determinada ordem obscura, ameaçadora, "proto-real", aquela em que (ainda) não penetramos e (ainda) não transformamos em *sentido* de verdade. A fantasmagoria das essências obscuras – como o deslumbramento das essências claras – joga o mesmo jogo: retrair a realidade e a verdade para a impessoalidade da "eternidade" do *antes da criação,* antes que a criação tenha sentido, ou seja, antes que eu decida definitivamente assumir o meu *próprio*. Pois é no assumir do meu próprio, a minha própria ação, a minha própria e definitiva responsabilidade, que a verdade é "cuidada" – e a verdade ne-

---

174. *Idem*, p. 431.
175. *Idem*, p. 432.
176. *Idem*, p. 435.
177. *Idem*, p. 436.

cessita realmente, em toda sua infinita fragilidade de uma contínua construção, ser cuidadosamente preservada e cuidada – "'Cuidada' (*Be-währt*) tem de ser a verdade..."¹⁷⁸.

Assim, "o Próprio é preservado à verdade eterna: nascimento e renascimento, situação (*Standort*) e envio (*Sendung*), 'aqui' encontrado e 'agora' decisivo da Vida"¹⁷⁹. Se a verdade "é" algo, então a verdade não é senão o *assumir pleno e definitivo de uma decisão: a decisão pela responsabilidade radical pela Vida no Aqui e Agora:* "na vida permanece o humano Humano"¹⁸⁰. "No amor transformou-se o recôndito no revelado... a última verdade é sempre, apenas, verdade criada (*geschaffene Wahrheit*)¹⁸¹ – e Revelação e Redenção desembocam, novamente, na Criação: "faça-se a luz"¹⁸².

portal

> *E o Último não é último, mas um continuamente próximo, o Próximo; não o Último, portanto, mas o Primeiro. Quão difícil é um tal Primeiro! Quão difícil é cada começo!*
>
> SE, p. 471

Ao fim e ao cabo, coloca-se na *Estrela* o problema que é, simultaneamente, o mais simples e o mais complexo, e que significaria a superação definitiva de qualquer idealismo: a questão na crença radical na realidade, não a realidade que eu gostaria que povoasse a minha mente, mas aquela que me *antecede,* que *constitui,* em última análise, minha mente e a possibilidade pura e simples de minha humanidade; não a realidade que eu localizasse em algum recanto do possível de uma vez para sempre, mas a realidade que, de uma vez para sempre, me obriga a *construí-la* e *reconstruí-la*. Pois a realidade, o real – a *Verdade,* a "Estrela" –

178. *Idem*, p. 437.
179. *Idem*, p. 438.
180. *Idem*, p. 439.
181. *Idem*, p. 464.
182. *Idem, ibidem.*

[...] deve espelhar-se, mais uma vez, naquilo que, na corporeidade, significa sua culminância: o Rosto (*Antlitz*). Por isso, não é delirante a idéia, expressa nas escrituras, de um Rosto de Deus, e mesmo de suas partes. A Verdade não se deixa expressar de outro modo. Apenas quando percebemos a Estrela como Rosto é que superamos todas as contingências da mera possibilidade e olhamos simplesmente[183].

"A estrela da Redenção transformou-se em Rosto, que me olha e do qual eu olho"[184] – e que se traduz em *confiança*, confiança – a "grande palavra"[185]. Pois foi a confiança no possível, no externo, no diferente, enfim no Outro, que laboriosamente nos levou da verdade "única" à infinita multiplicidade das condições de a verdade ser reconhecida como tal na infinita multiplicidade da realidade que é, exatamente, *multiplicidade*: multiplicidade de Rostos inconfundíveis, de Mundos, de Tempos, de Situações, de Coisas, de Idéias, todos inconfundíveis: *multiplicidade infinita da realidade em si mesma*. "Trata-se da semeadura, da qual frutificam fé, esperança e amor... Trata-se do mais fácil e, ao mesmo tempo, do mais difícil. Ousa, a cada momento, dizer o verdadeiro à verdade"[186]; e tal significa, em último e derradeiro sentido, pronunciar o grande "Sim" à Vida[187].

Conclusões

> *[...] pois o ser humano é, em sua radicalidade extrema, aquele que deve empreender algo consigo mesmo. É aquele que tem de afirmar o seu Ethos*
> B. Casper[188]

Eis, portanto, a estrutura geral da obra maior de Rosenzweig *A Estrela da Redenção*. Por trás de sua grande comple-

---

183. *Idem*, p. 470.
184. *Idem*, p. 471.
185. *Idem*, p. 472.
186. *Idem, ibidem*.
187. *Idem, ibidem*.
188. " 'Das Gebet stiftet die Menschliche Ordnung' – Zum Verständnis der Erlösung im Werk Franz Rosenzweigs", p. 130.

xidade, uma estruturação de clareza bem articulada; o essencial é conduzido e reconduzido à reflexão, e sua "forma" geral – ou seu "conteúdo" mais explícito – convida a uma renovada penetração nas novas e diversas dimensões de seu conteúdo menos explícito.

Passemos, agora, à abordagem de novas dimensões analíticas da obra de Rosenzweig; intentemos rever e aprofundar os elementos essenciais, propriamente ditos, do Novo Pensamento, buscando extrair dali sentido para os impasses da contemporaneidade inquieta em que estamos todos mergulhados neste fim de século XX.

6. A ESTRELA DA REDENÇÃO E O NOVO PENSAMENTO: EXTERIOR E CONTEÚDOS

Cerca de quatro anos após a edição de *A Estrela da Redenção* – seu "ponto de Arquimedes, achado após longa procura"[1] –, Rosenzweig escreve um curto texto sobre o livro, com o título de "O novo Pensamento – algumas observações posteriores à '*Estrela da Redenção*'" ("Das neue Denken – einige nachträgliche Bemerkungen zum 'Stern der Erlösung'"). Este texto integra o conjunto das "Kleinere Schriften" das *Gesammelte Werke*[2].

A importância deste trabalho consiste em destacar, de forma precisa, aquelas dimensões de seu pensamento que, expressos na *Estrela* de uma forma extremamente erudita e interconectada, se constituem em alguns dos momentos de maior originalidade do conjunto de sua obra. Aqui, sem a preocupação estrita com a manutenção da característica tensão in-

1. *UZ*, p. 125.
2. *KS*, pp. 139-161.

telectual que perpassa a *Estrela*, Rosenzweig enfoca alguns dos *insights* de referência para a compreensão não só da *Estrela* e de sua obra em geral, mas também do movimento intelectual amplo no qual sua obra se insere; ao tempo em que, analisando a recepção do livro, pretende contribuir para a diluição de alguns equívocos de interpretação, dos quais alguns permanecem, inclusive, até hoje.

Uma vez delineada em suas linhas gerais a grande estrutura da *Estrela da Redenção*, passamos agora a um segundo nível de exame, mais sintético do que analítico-interpretativo. Trata-se agora de depreender *conseqüências* dos desdobramentos das intuições de Rosenzweig, recontextualizando elementos decisivos de seu pensamento no âmbito de nosso presente particular. Se antes as referências e situações tinham como objetivo básico situar o leitor no *interior* da obra de Rosenzweig, as referências e comentários que seguem tem como tarefa principal "abrir" a lógica interna deste pensamento ao seu *exterior*, à sua referência póstuma, conduzindo ao questionamento de base estritamente contemporânea. Aqui, como antes, se interpreta; apenas que esta interpretação segue, neste momento, o compasso daquilo que nos parece se constituir nos temas de maior urgência exatamente de nosso tempo, de nossa particular *situação*. Cresce, portanto, o nível de liberdade interpretativa que aqui nos concedemos, e esta liberdade se articula por sobre a base estrutural atrás examinada, não apenas da *Estrela*, mas do conjunto do pensamento, sempre historicamente referido e contextualizado, de Franz Rosenzweig.

O Difícil Ponto de Partida: A Morte e a Origem da Experiência

> *Esta é uma das afirmações centrais da Estrela da Redenção: a história do Ocidente, proposta como o último estágio da história mundial, baseia-se necessariamente na violência e na guerra*
>
> S. Moses[3]

3. *SO*, p. 20.

A *Estrela da Redenção* tem, como ponto de partida, como *origem existencial,* uma reflexão sobre a Morte e a incapacidade de a filosofia nulificá-la enquanto *experiência radical*[4], irredutível, de cada vivente. Por mais que o idealismo reduza a morte a um conceito, ao fim e ao termo "todo mortal está sozinho"[5] – e, neste contexto existencial, a morte não oferece por si mesma, a cada um que morre para si mesmo, na circunscrição estrita de sua solidão, nenhum tipo de sentido. Ali, toda filosofia cessa seu "otimismo"; por mais que os sistemas sejam bem-construídos exatamente neste ponto extremo, no que diz respeito a cada um, "o ser humano deve viver com o medo inato àquilo que é terreno (*irdisch*); ele deve permanecer no temor da morte"[6].

Mas uma "filosofia ao contrário" está tão distante da experiência real da morte quanto as construções idealizantes – pois, relembremos, ao fim das contas, "a morte verdadeiramente não é o que parece, não é Nada, mas, sim, um inexorável... algo"[7]; pois "o Nada não é nada, é Algo"[8], e este "nada" está já contaminado de Ser, trai a si mesmo em sua própria promulgação. Talvez fosse cômodo, para alguma filosofia, remeter o inapreensível por ela a esta categoria que, quando mais fosse preenchida, mais vazia restaria: nada; mas a experiência irredutível da própria morte tira do pensador a possibilidade de se subsumir nesta categoria vazia, exatamente porque esta categoria *não é vazia*, mas é – Algo. Não Algo meramente concebível intelectualmente, mas algo que o pensamento ainda não esgotou: sinal de realidade, pertinência ao fundamento do *real* na medida em que não é, meramente, irreal.

E, em sendo *real,* em sendo Algo, é algo diferente do Nada, como é algo diferente da Filosofia e do Filósofo. E é Algo em multiplicidade, e não síntese de muitos "algos" – "no passado

---

4. Sobre a análise do conceito de Experiência em Rosenzweig e a diversidade de sua compreensão, cf. a síntese de Adriano Fabris, *Linguaggio della Rivelazione – Filosofia e Teologia nel Pensiero di Franz Rosenzweig*, pp. 47-60.
5. *SE,* p. 4. Cf. *SO,* p. 49.
6. *SE,* p. 4.
7. *Idem,* p. 5.
8. *Idem, Ibidem.*

obscuro do mundo permanecem, como fundamento inesgotável (da realidade) deste mundo, milhares de mortes, em vez de um Nada que nada fosse, milhares de "Nadas"(*Nichtse*) que, exatamente por serem muitos, são Algo"[9].

É esta multiplicidade original, dinâmica, mutante, do real, de Algo, que prova a incompetência de um pensamento que pretenda chegar, por alguma forma de síntese conceitual, ao conhecimento do Todo. Pois neste Todo faltaria ao menos "algo", este Algo em multiplicidade em que a morte multiplicadamente experienciada, real, verdadeiramente se constitui. Algo é, assim, capaz de reduzir o Idealismo – e qualquer outro sistema totalizante da realidade – às suas reais dimensões, ou seja, ao *desencontro* entre sua promulgação de Totalidade e sua efetividade que falha enquanto não pode compor esta Totalidade[10]. Trata-se da *falha básica* de todo sistema fechado, e do fulcro onde o filosofar da existência real pode iniciar.

Eis aí, portanto, a multiplicidade – e uma multiplicidade não meramente pensada – como *anterioridade* a todo poder de síntese que possa ser realizado a posteriori por qualquer filosofia: primeiro anúncio da irredutibilidade da *Alteridade* à razão que a pensa[11]. E a conseqüência prática deste fato ao pensar: "se a morte é algo, nenhuma filosofia pode, com a desculpa de que ela é nada, desviar dela sua atenção"[12]. Se existe a alteridade que inicia exatamente onde o pensamento acaba, ou seja, exatamente na fronteira do racional e no "anúncio" do fático-real, então que este fato seja, ao menos, levado a sério pela filosofia -- pois

é suficiente que apenas uma realidade seja descoberta em sua condição de anterioridade com relação ao pensamento, para que o postulado de totalidade de cada filosofia seja colocado em questão. Quando o pensamento não ocupa mais o primeiro, mas, sim, o segundo lugar na ordem da existência, então não se deixa mais postular a unidade do todo[13].

9. *Idem, ibidem.*
10. Cf. nosso trabalho *Totalidade & Desagregação...*, pp. 15 e ss.
11. Levinas desenvolverá, segundo esta inspiração, em muitos momentos de sua obra, a idéia da morte como *paradigma de alteridade* irredutível.
12. *SE*, p. 6.
13. *SO*, p. 51.

O que está sendo então proposto por Rosenzweig – se o quisermos, em níveis profundamente "especulativos" e em consonância com o "clima" filosófico-cultural característico de sua época histórica[14] – é a *desarticulação* do sonho ancestral monista-idealista de identificação do Pensar com o Ser, fundamento de toda Totalidade pensada e expressão mais tradicional da potência filosófica do passado; desarticulação esta que se propõe, em última análise, através da intromissão, como veremos, da imponderabilidade humana no jogo de ponderáveis inteligíveis que constitui a estrutura básica dos sistemas filosóficos tradicionais. Para isso, porém, é necessário antes um amplo trabalho arqueológico preparatório, onde as grandes linhas de desenvolvimento da filosofia ocidental fiquem evidenciadas e onde as condições desta desarticulação sejam claramente perceptíveis.

A Não-Unidade Fundamental de Ser e Pensar

As origens da identificação entre o ser e o pensar

Já dedicamos algum tempo às belas páginas que Rosenzweig dirige, logo no início da *Estrela*, à análise de autores como Kant, Hegel, Kierkegaard, Schopenhauer, Nietzsche[15]; neste momento, é fundamental observar o fato originário da implosão da totalidade do sentido.

Mas por que "totalidade" (*Allheit*)? Por que o mundo foi concebido, desde os mais antigos filósofos, exatamente como totalidade e não como multiplicidade? Trata-se, segundo Rosenzweig, da determinação da possibilidade de o mundo ser "pensado" –

é a unidade do mundo que aqui, na afirmação da totalidade do mundo, se impõe contra a multiplicidade do conhecimento. A unidade do logos funda a unidade do mundo como uma totalidade... por isso, cada resistência bem-sucedida contra a totalidade do mundo corresponde à negação da unidade

---

14. Ver acima, "A Crítica da História".
15. Ver acima, "A Estrela da Redenção e o Novo Pensamento: Interiores e Formas".

do pensamento. Naquela primeira frase da filosofia, "tudo é água", está presente a condição de "pensabilidade" (*Denkbarkeit*) do mundo, ainda que apenas Parmênides tivesse afirmado a unidade entre ser e pensar[16].

E, de todo o modo, é mais fácil indagar "o que é o Todo?" (*was ist Alles?*) do que "o que são os Muitos?" (*was ist Vieles?*), e a resposta à primeira questão se deixa circunscrever, ao contrário das muitas respostas à segunda: um bom motivo para que, de Jônia a Jena – dos pré-socráticos ao idealismo alemão – a grande comunidade dos filósofos tenha determinado com muita clareza o objeto de sua escolha, enviando a outros a responsabilidade por uma outra preferência filosófica[17].

Mas nosso tempo teve uma outra escolha – *Unsre Zeit hat es getan*[18]. A contingência do mundo, em todas as épocas percebida, mas sempre concebida como algo a ser neutralizado pelo poder do pensamento, perde sua condição "acidental" após o fechamento do último dos sistemas da filosofia. Schopenhauer e o Schelling tardio sugerem uma direção diferente daquela que conduz inexoravelmente à unidade final do pensamento com o ser. "Vontade", "Liberdade", "Inconsciente" – tudo isso consegue aquilo que a razão não conseguira: conviver com um mundo que, constituído do diverso e do acaso, tem de ser pensado como uma unidade. Mas a contingência do mundo – a separação entre ser e pensar – é uma questão do ser e do pensar, e tem de ser deduzida na esfera do ser e do pensar, e não a partir da intromissão de um terceiro que, como um *deus ex machina*, irrompe como, por exemplo, a Liberdade. Pois, se o fundamento racional da Identidade entre o ser e o pensamento é procurado *no pensamento*, para Franz

---

16. *SE*, pp. 12-13.
17. *Idem*, p. 13. A nós, ao fim do século XX, parece ter sido a escolha pela Unidade determinada, em última análise, de forma mais anterior do que por uma mera dificuldade do pensamento, traduzindo um "impulso unificante original"; não se trataria, portanto, de uma mera "escolha" filosófica, mas da predeterminação de uma direção de desenvolvimento. Provavelmente, esta diferença de visão seja o que separa definitivamente o nosso mundo pós-Guerras Mundiais, pós-Auschwitz, do mundo ainda "clássico" de Rosenzweig.
18. *Idem, ibidem*.

Rosenzweig é também *no pensamento* que tem de ser procurado o fundamento da Não-identidade[19].

Mas, para que entendamos o processo de "desidentificação" entre o ser e o pensar, é necessário que compreendamos qual é o processo que conduziu à identificação – como destacado, uma questão "privada" do ser e do pensar. A lógica que Rosenzweig nos apresenta é a seguinte: se o pensamento é a forma geral (*allgemein*) do ser, então tem o pensamento mesmo um determinado conteúdo, um "assim-e-não-de-outro-modo" (*soundnichtanders*) que o especifica: o ser, por sua vez "assim-e-não-de-outro-modo", com o qual se processa a identificação. Ora, para que algo se processe, é necessário que não exista *a priori*: "a identidade de ser e pensar pressupõe uma não-identidade interna. O pensamento, ainda que *referido ao ser*, também é – *já que também é referido a si mesmo* – uma multiplicidade (*Mannigfaltigkeit*) em si"(grifo nosso)[20]. O pensamento, que tem nome, ramifica-se em si mesmo, pensa a si mesmo enquanto pensando o ser na medida em que pensa o ser. E é na medida em que o pensamento é esta multiplicidade original, esta ramificação original de si mesmo, que a unidade do ser pode ser afirmada, ou seja, que o processo identificatório entre dois previamente diferentes pode iniciar.

Agora: a unidade do pensamento, referida originalmente apenas ao pensamento mesmo e não ao ser, expressa-se exatamente na fórmula *ser = pensamento* como uma espécie de síntese do cosmo[21]. E este cosmo, na medida em que contração, "entrelaçamento" (*Verflochtenheit*) de duas multiplicidades, é por sua vez não unidade, mas multiplicidade, "não um Todo oniabrangente, mas uma Unidade fechada, que em si talvez seja infinita, mas não acabada (*abgeschlossen*). Ou seja, se a palavra permite, é um Todo excludente (*ein ausschliessendes All*)"[22].

Ocorre, portanto, já de saída uma diferença entre a unidade *do* pensamento e a unidade *entre* pensamento e ser. Para

---

19. *Idem, ibidem.*
20. *Idem,* p. 14.
21. *Idem, ibidem.*
22. *Idem, ibidem.*

precisar mais esta diferença, recorre Rosenzweig a uma metáfora: imagine-se uma parede nua e um quadro que pode nela ser colocado. Esta parede, "separada" de sua comunhão com o mundo, não é impensável – antes, é pensável justamente como "unidade":

> Ela não é nada, é algo, mas algo totalmente vazio, a unidade nua. Não se poderia pendurar nela um quadro, se ela lá não estivesse, mas com o quadro nela pendurado não tem ela nada a ver. Ela nada teria contra, se, além deste, outro quadro se lhe fosse fixado, ou se, no lugar deste, algum outro quadro nela estivesse pendurado[23].

Ao fim de tudo, permanece como "outra" em relação ao quadro que se lhe está fixado, por mais próxima que seja esta fixação. E se é verdade que de Parmênides a Hegel se tem tentado identificar a parede e o quadro, "concebe-se agora que a parede seja uma unidade e que o quadro seja em si uma infinita variedade, uma totalidade excludente com relação ao externo, o que quer dizer: não unidade, mas 'um' – 'um' quadro"[24].

O que acontece, portanto, com o acontecimento *real* da morte ao longo deste processo? Perde realidade enquanto, exatamente, *existência,* e assume o papel de "função do pensamento eterno" o qual, fechado em si mesmo, identificado com o que pensa *como* pensa, não tem espaço para o que não compreende, exceto enquanto dado *ainda não elevado à sua compreensão.* A afirmação da morte como alteridade absoluta em relação, por exemplo, ao ser (pensado) é inofensiva ao pensamento que só percebe o que se deixa categorizar segundo seus parâmetros; a morte seria, então, como que reduzida a uma mera e finalmente tautológica função da *vida* do pensamento unificante.

A afirmação inicial da *Estrela* tem assim de, neste momento, quedar-se em suspenso: nada a sustenta, no corpo da tradição, senão uma atitude emocional. Como em toda a tradição, a alteridade – aqui, a alteridade existencial-absoluta da morte – é reduzida rapidamente a uma determinada situação de "neutralidade" desde onde não perturbe, com seus elementos "a-racionais", a racionalidade do Todo. Para que se com-

23. *Idem, ibidem.*
24. *Idem, ibidem.*

preenda seu *sentido* real, é necessário que se incursione previamente na gênese das atitudes racionais que sustentam intelectualmente uma tal "neutralidade", evidenciando em que momento as categorias e conceitos se tornam *insuficientes* para a realidade.

Interlúdio – o caminho da tradição: a filosofia e a redução às essências

Desta forma, relembremos agora, a bem de uma atitude historicamente adequada, que tal separação entre ser e pensar se dá ao longo do passado do ocidente também porque se estabelece, assim, uma "defesa" contra quaisquer elementos desestruturantes para a lógica interna do cosmo pensado – como, provavelmente, a intromissão clara, pelo cristianismo que penetra no âmbito do mundo greco-romano, de elementos provenientes de uma outra cultura onde esta identificação não tem espaço. Pois, acima de tudo, o cosmo grego, que – e defendemos intensamente esta idéia[25] – floresce plenamente apenas no cume da modernidade (apesar das aparências em contrário!), estatui-se, antes de mais nada, como uma barreira intelectual contra o exterior, o estranho, o Diferente: que o diga o horror visceral e milenar da filosofia com relação ao *Não-ser*. Eis aí o grande caudal integrador do diferente que culmina, no auge do positivismo ou do iluminismo – da modernidade – com a imanentização final e derradeira de todo o *externo*, ou seja, sua transformação em uma *função* do Mesmo, da Totalidade.

A filosofia, à procura de verdades que significassem a realidade, inverte assim seu itinerário, concentrando-se na procura de realidades que se adequassem à sua Verdade; e esta verdade não é outra senão a origem da fórmula original do pensamento, $[x = y]$, que representa, de forma simbólica, as identificações "particulares" entre ser e pensar, e onde os elementos da equação têm expressão nas categorias e abstrações do pensamento em seu processo de investigação da realidade.

---

25. Cf. Ricardo Timm de Souza, "Sistema e Totalidade – Sobre Idealismo, Cientificismo e Totalização no contexto da Ecologia e da Filosofia da Natureza", pp. 96 e ss.

Portanto, para que se entenda o processo – que pretende agora não mais ser ideal, mas, sim, ser *real* – de ruptura entre o ser e o pensar (ruptura esta que sustenta a intuição desdobrada da multiplicidade fundamental da realidade), é necessário que se disponibilizem à reflexão conceitos e categorias de compreensão desta realidade pensada, bem como "experiências" *do mais além que se esgota quando o pensamento chega a seus limites e encontra o real ainda não absorvido por sua lógica.*

Seriam, então, estas experiências algo de maravilhoso ou inefável para o espírito comum? Pelo contrário, segundo Rosenzweig: dão-se quando ainda não se estabeleceu, no mundo intelectual, uma situação de absoluto domínio dos esquemas tradicionais da racionalidade, do logos às voltas com o pensado.

Assim, Rosenzweig passa para a investigação e *tradução* dos conceitos que sustentam a construção racional tradicional do mundo, concentrado na questão "o que é?", a fim de que seu sentido lógico, esgotando-se em si mesmo, passe a desdobrar o sentido *real* do que pretende habitar e que realmente sustenta estes conceitos lógicos em sua trama.

Qual é, agora, o mais complexo conceito, apresentado já no primeiro dos três livros que compõe a *Estrela*? Trata-se do conceito de "Nada" – "algo como o conceito do Nada, dos 'Nadas'" (*etwa der Begriff des Nichts, der 'Nichtse'*)[26]. Este conceito, à primeira vista apenas um conceito auxiliar, desdobrará todo seu conteúdo e seu sentido apenas ao fim da obra[27]. E qual este sentido? Trata-se da "simultânea condução *ad absurdum* da velha filosofia e seu salvamento" (*...Adabsurdumführung und Rettung der alten Philosophie*)[28]. Uma espécie de aparente paradoxo, portanto, faz-se presente na obra desde seu início e ao longo de todo seu desenvolvimento. Como se explicaria isso? Qual o impulso racional original do conjunto do trabalho?

26. *ND*, p. 142.
27. *Idem, ibidem.*
28. *Idem*, pp. 142-143.

Toda filosofia tem perguntado pela "essência". É este questionamento que a distingue do pensamento não-filosófico do entendimento humano sadio. Pois este não pergunta pelo que alguma coisa "realmente" é. É suficiente, para ele, saber que uma cadeira é uma cadeira; ele não se pergunta se ela não seria, em realidade, alguma outra coisa bem diferente. Quem o faz é a filosofia, quando indaga pela essência. [...] Se (os elementos da realidade, Mundo, Deus, Ser Humano) não fossem outra coisa, mas apenas o que eles realmente são, ...a filosofia seria, por fim, dispensável... pelo menos uma filosofia que procura alguma coisa "completamente diferente"[29].

Ora, assim segue a filosofia a trabalhar, e este impulso original se desdobra, na vontade incansável de circunscrever a possibilidade de "reduzir", "reenviar" (*die Möglichkeit der 'Zurückführung'*) alguma coisa a alguma outra coisa (...*eines jeweils einen auf sein jeweils anderes durchpermutiert(en)*...) – o que caracteriza, *grosso modo*, as três grandes épocas da filosofia européia: a antigüidade cosmológica, o medievo teológico, a modernidade antropológica[30]. E, de forma especial, a idéia preferida da modernidade, a recondução da realidade ao Eu[31].

Esta recondução ou "fundamentação" da experiência de Mundo e de Deus ao Eu que realiza tal experiência é ainda hoje tão óbvia ao pensamento científico, que alguém que não crê neste dogma... simplesmente não é levado a sério... a esta filosofia, a idéia de que alguém não quisesse dizer "tudo é (algo)" não lhe passa pela cabeça[32].

Porém esta forma de propor a questão – "o que é?" – abriga já a impropriedade da resposta, uma vez que, quando se pensa conseqüentemente, esta resposta deve adjudicar ao "isto" de "isto é" algo de novo, algo que não estivesse ainda ali contido; por isso, quando se pergunta pelo "isto" de Mundo e de Deus, o que surge é o Eu – pois todo o resto, Mundo e Deus inclusive, já é dado ainda antes do "é"[33]. "E o mesmo se passa quando o Panteísta e seu *associé*, o Místico, descobrem que Mundo e Ser Humano são essências 'divinas', ou... quando o Materialista e Ateísta descobre que o Ser Humano 'é' apenas

---

29. *Idem*, p. 143.
30. *Idem, ibidem.*
31. *Idem, ibidem.*
32. *Idem, ibidem.*
33. *Idem*, pp. 143-144.

fruto da 'Natureza' e Deus 'é' apenas reflexo desta 'Natureza' "³⁴. Desta forma, a incompreensão advém, segundo Rosenzweig, da congênita tendência lógica do pensamento em reduzir o conjunto da realidade a um nódulo inteligível no qual tudo é subsumido a priori pela própria dinâmica do pensamento – esta tendência original e recorrente de redução da realidade a uma unidade e de todos os sentidos a um só sentido, em um processo de totalização em torno ao nó verbal "é", presentificação eterna e irredutível, estritamente tautologizante, do verbo "ser", origem da paralisante *Apoplexia philosophica*³⁵.

Ora, a questão é, então, superar o transe – a apoplexia – do pensamento dominado pela obsessão das essências e da resolução das fórmulas. Pois estas, de auxiliares do pensamento na busca da realidade, acabaram se apresentando, simplesmente, como a "realidade em si" – mas, já sabemos, a realidade em si, enquanto totalidade, tem de brevemente embater-se com seus limites e, necessariamente, perder a batalha – "a filosofia falha ao tentar afastar do *Hades* o seu hálito pestilento (*Pesthauch*)"³⁶. Portanto, não é pelo caminho do estático que a realidade poderá ser aprofundada. A soma de todas as essências concebíveis não nos dá o mundo real mas – exatamente – um mundo de essências; e nosso objeto é o mundo em realidade, o mundo *da* realidade.

O Conceito de "Experiência" – do "Pensamento Metalógico" ao "Pensamento Experiencial": o Sentido dos Protofenômenos

> *Um grande choque, uma grande alegria, um imenso destino podem, de um só golpe, aniquilar todos os fantasmas de um entendimento viciado*
>
> *BÜ*, p. 31.

Segundo Rosenzweig, como já vimos, à tendência intelectual-unificante do pensamento contrapõe-se a irredutibi-

34. *Idem*, p. 144.
35. Cf. *BÜ*, p. 57.
36. *SE*, p. 3.

lidade das experiências "pré-intelectuais"[37], expressas normalmente sob a forma de Protofenômenos; estas não se esgotam em seu enunciado nem no processo de "atemporalização" a que são conduzidas pelo presente eterno do "é", mas, pelo contrário, *provam a cada momento* – e momentos sucessivos, não intercambiáveis, não intelectualmente sincrônicos – provam *não se* identificarem *com este enunciado*, em uma resistência "pré-original" à originalidade do intelecto unificante:

> Em verdade, são estes três objetos primeiros e últimos do filosofar (Mundo, Ser Humano, Deus), cebolas que se pode descascar quanto se queira; chega-se sempre a novas camadas, e não a algo "totalmente diferente". Apenas o pensamento consegue isto... através da força transmutadora da palavrinha "é". A experiência descobre no Ser Humano, por mais que neste mergulhe, apenas o Humano (*Menschliches*), no Mundo apenas o Mundano (*Weltliches*), em Deus apenas o Divino (*Göttliches*). E apenas em Deus o Divino, apenas no Mundo o Mundano, apenas no Ser Humano o Humano. *Finis philosophiae?* Se tal fosse, tanto pior para a filosofia! Mas eu não creio que a situação seja tão ruim. Antes, é neste ponto, em que a filosofia, com seu pensamento, estivesse em seu fim, que a filosofia experiencial (*erfahrende Philosophie*) poderia começar[38].

Mas o que é o "pensamento experiencial"? Adiantemos já, de forma apenas sugestiva, que "experiência" corresponde a "pensamento contaminado pela temporalidade", ou "temporalidade que se oferece, sob forma de rememoração, ao pensamento". Mas, até lá chegarmos, um longo itinerário se apresenta.

A verdade fundamentalmente "plurívoca"

Inicialmente oferece-se ao filósofo que chega a este ponto a intuição, ainda anterior à tríade kantiana, que sustenta a idéia de *plurivocidade original da verdade* em Rosenzweig,

---

37. Dizemos aqui "pré-intelectuais" e não "pré-racionais"; não há irracionalismo na idéia de experiência de Rosenzweig, apenas o impedimento de que o intelecto unificante assuma a condução absoluta do processo experiencial e reduza o "externo" a uma função sua.
38. *ND*, p. 144. A respeito do conceito de experiência neste contexto especial, além da síntese de Fabris já citada, ver também Bernhard Casper,

sem a qual não se compreende o restante do pensamento do autor. Pois "a verdade" não é, segundo ele, uma essência, um determinado ponto focal da "realidade" ao qual justamente esta "realidade", ao fim e ao termo, fosse, por uma conjunção intelectual de pensamento e ser, finalmente reduzida, fora do tempo e do espaço; antes, constitui-se em uma *pluralidade original em desdobramento,* em *verdades* originariamente plurais, às quais o pensamento *não chega simultaneamente*, ou seja, não despe, por alguma artimanha intelectual, de sua mútua *diferença* e *irredutibilidade*.

Trata-se, agora, de desdobrar esta intuição[39]. O pensador destaca mais uma vez: cada uma das realidades experienciadas pode ser "metafisicamente" enviada apenas a si mesma, e a nada mais, cada uma é "essência" de si mesma, cada uma é sua própria "'substância', com toda a gravidade metafísica desta expressão"[40].

O que sabemos, agora, destas "essências"? O mesmo igualmente de todas –

a saber, tudo e nada. Nós sabemos com a maior precisão, nós o sabemos com o conhecimento intuitivo (*anschaulich*) da experiência, o que Deus, o que Ser Humano, o que Mundo... "são"; se não o soubéssemos, como poderíamos disto falar e, acima de tudo, como poderíamos "reduzir" um ao outro ou como poderíamos contestar esta redução? E não sabemos nada, com o [...] conhecimento "modificante" do pensamento, sobre que outra coisa poderiam ser Deus, Mundo e Ser Humano; se o soubéssemos, como poderia se opor a este conhecimento aquele outro que nos tenta sempre de novo [...] às tentativas de redução (*Zurückführungsversuche*)? Os fantasmas desaparecem quando canta o galo do conhecimento; mas estes fantasmas, em verdade, não desaparecem nunca [...] como "essencialidades" (*Wesenheiten*) são Deus, Mundo, Ser Humano igualmente transcendentes entre si e de sua realidade não se deixa dizer o que "são"...[41].

"Erfahrung und Liebe" in: Werner Licharz, (Hrsg.), *Lernen mit Franz Rosenzweig,* pp. 94-111.
39. Cumpre lembrar que, quando se fala, no âmbito deste trabalho, de "intuição", não se tem presente algum tipo de *insight* intelectual isolado, do qual um arco de verdades fosse decorrente; intuição significa, aqui, ponto de partida para um "mundo novo": o mundo da temporalidade levada a sério – no dizer de Rosenzweig.
40. *ND*, p. 144.
41. *Idem,* p. 145.

Está-se, portanto, em uma situação de indefinição, oscilando entre tudo e nada (conceitos que perderam seu caráter de irredutibilidade definitiva) – "Então, o que sabemos deles, além e entre este Tudo e este Nada? Sabemos alguma coisa, algo, ou seja, aquilo que descrevemos, por palavras, como sendo 'divino', 'humano', 'mundano'. Com estes termos, temos em mente algo bem definido, dados que não se confundem mutuamente..."[42]

Mas, onde encontramos estes três nomes próprios (*Eigenschaftsworte*) em seu isolamento? Onde estão estas "essências falhas de verdade, de vida e de realidade"[43], as quais, isoladas umas das outras, não correspondem, a cada vez, àquilo que as palavras designariam – Deus, Mundo, Ser Humano, sem realidade efetiva nem vida – sombras que não habitam o mesmo espaço de nossa vida, de nossa realidade, de nossa verdade e que, não obstante, penetram fantasmagoricamente tudo aquilo que habita o espaço real?[44]

A verdade do paganismo

Rosenzweig encontra, nos traços de Oswald Spengler, em sua interpretação da "cultura apolínea", a expressão destes conceitos[45].

O mítico Olimpo, o plástico Cosmos, o Herói trágico... eles nunca "foram" no sentido próprio do termo... (o grego) não era um herói ático, mas uma pessoa como nós... Estas figuras espirituais..., isoladas através da "cultura apolínea" de Spengler, constituem-se em condições secretas e invisíveis da vida, seja essa antiga ou nova, enquanto forma histórica ou enquanto vida invisível à história. Isto é o classicismo da Antigüidade Clássica[46]

– cuja tradução em uma "filosofia do paganismo" constitui a primeira parte da *Estrela*[47].

42. *Idem, ibidem.*
43. *Idem*, p. 146.
44. *Idem, ibidem.*
45. *Idem, ibidem.*
46. *Idem, ibidem.*
47. *Idem*, p. 147.

O Paganismo é assim, segundo Rosenzweig, a verdade em sua forma mais elementar e invisível, o *início* propriamente dito da reflexão. E sempre que se pretender constituir em Todo, em Forma (*Gestalt*), em Revelação, desemboca na falsidade. Pois o seu próprio é permanecer como elemento e mistério (*Geheimnis*) no Todo, no Visível, no Revelado, tão recorrentemente presente ali como os grandes objetos do pensamento, a "substância" do pensamento é presente no real, no imaterial e no insubstancial – na Experiência[48]. Pois a Experiência nada sabe de objetos; ela recorda, vivencia, espera e teme. Poder-se-ia entender o conteúdo da lembrança como Objeto; isto seria porém uma compreensão, e não o conteúdo mesmo. Pois este conteúdo não é lembrado como sendo meu objeto; ele não é senão um preconceito dos últimos três séculos, segundo o qual em todo o conhecimento o "Eu" (*Ich*) tem de estar presente – de tal forma, que eu não posso divisar nenhuma árvore, sem que "Eu" a visse. Na verdade, o meu Eu está apenas presente quando ele – lá está; como quando, por exemplo, eu devo ressaltar que vejo uma árvore que não é vista por outro. Então, a árvore está, em meu conhecimento, em conexão (*Verbindung*) comigo; mas, neste processo, sei apenas da árvore e de nada mais; e a comum afirmação filosófica da onipresença do Eu em todo conhecimento distorce o conteúdo deste conhecimento[49].

A experiência da facticidade e sua difícil descrição

> *O instante somente se pode salvar do eterno poder de envelhecimento do passado e de sua lei na medida em que nasce em cada novo instante*
>
> *BÜ*, p. 89

A experiência, assim, não está sujeita às determinações de um "Eu" super-experiencial: ela não experiencia aquilo

---

48. *Idem, ibidem.*
49. *Idem, ibidem.* É de se notar que, ao que consta, Rosenzweig não conheceu Husserl e seus esforços de criação da Fenomenologia; tal fato

que, aos olhos intelectuais do pensamento, se apresenta como sendo as realidades últimas perceptíveis, mas, apenas, experiencia estas realidades exatamente enquanto *realidades*, nestas realidades[50]. A descrição da experiência necessita, portanto, uma investigação que coloque à parte do poder sintetizante do pensamento a facticidade – as facticidades (*Tatsächlichkeiten*) – a acontecer. Estes fatos são como "[...] um libreto de teatro, o qual, mesmo não fazendo parte do drama propriamente dito, convém ser lido previamente... Dito de outra forma, a (facticidade) é como se fosse o 'era uma vez' com que os contos iniciam, mas apenas iniciam, e que, ao longo do conto, não mais retornam"[51].

A investigação da facticidade, do real, preparada pela tentativa de resposta à questão: "o que é", que teve lugar no primeiro Livro da *Estrela*, será desdobrada no segundo Livro da obra; não à maneira da filosofia sintetizante-unificante, mas sob a forma de uma *narrativa* – já que o real não "é". O método do segundo livro será assim um "método de narrativa" (*Methode des Erzählens*) – segundo a inspiração formal de Schelling no Prefácio das *Zeitalter*[52].

Em que consiste propriamente o "narrar"?

Quem narra, não quer dizer o que aconteceu "propriamente, essencialmente (*eigentlich*)", mas, sim, como aconteceu realmente (*wirklich*)... o Narrador não quer nunca mostrar que, em realidade, o acontecido era alguma coisa essencialmente (*eigentlich*) diferente do que aconteceu... mas, sim, deseja mostrar como tudo realmente se passou[53].

Para o Narrador, um nome, um conceito não tem valor enquanto indicativos de uma essência ainda inencontrada e, sim, enquanto coincidem consigo mesmos,

---

explica suficientemente, em nosso entender, as semelhanças e diferenças de uma tal "teoria do conhecimento" em relação àquela da fenomenologia.
50. *Idem, ibidem*.
51. *Idem, ibidem*.
52. *Idem*, p. 148.
53. *Idem, ibidem*.

enquanto são o que são, foram o que foram, e não outra coisa, exatamente em seu tornar-se (*Verwirklichung*) o que foram, o que são[54].

Frases como "isto é aquilo" (*Ist-Sätze*) serão dificilmente construídas pelo Narrador, mesmo frases como "isto foi aquilo" serão utilizados, quando muito, ao começo da narrativa; substantivos, ou seja, palavras substantivas (*Substanzworte*), aparecem, é verdade, na narrativa, mas o interesse maior não está nelas, e sim no Verbo, na Palavra-tempo (*Zeit-wort*)[55].

Eis, portanto, que o Tempo, a Temporalidade, assume, a partir de agora, uma importância decisiva no corpo da investigação dos fatos, da experiência do real, caso se queira que a facticidade assuma seu próprio estatuto de realidade, e não seja considerada, apenas, uma dimensão de acesso à intemporalidade absoluta das essências. É o tempo, o temporizar-se, o madurar (*sich-zeitigen*)[56], que separa definitivamente as essências de sua condição estática, e as pulveriza no *decorrer* da realidade de que nenhuma redução essencial pode dar conta; é aí, na *temporalidade em processo*, não detida nem pelo filósofo tomado pela infinita surpresa pelo externo nem pelo seu próprio decorrer que exige sempre, em cada instante, um instante que o suceda, que os Protofenômenos iniciam a descoberta – ou o reencontro – de e com sua realidade própria. Em outros termos, é aí, na incorporação ao decorrer da temporalidade, que a realidade expressa sua "verdade", a qual consiste, em um primeiro e decisivo momento, em não se deixar manietar por qualquer conceito de "Verdade". Aí, Pensamento e Ser estão definitivamente *separados*, culminando um processo que se iniciou de forma meramente intelectual[57]. Inicia-se o *desdobramento* das conseqüências deste fato.

54. *Idem, ibidem.*
55. *Idem, ibidem.*
56. Também em Rosenzweig, como em Heidegger, *sich-zeitigen* significa mais do que uma mera "presentificação": indica esta presentificação *juntamente* com a irrupção da maturidade, o instante de maturação, que ela necessariamente indica. É neste sentido que deve ser compreendido o "*temporalizar-se*" de Rosenzweig (devo esta observação a B. Casper, em comunicação pessoal).
57. Ver acima: "A Não-Unidade Fundamental de Ser e Pensar".

O Núcleo Filosófico: A Temporalidade como Fundamento Radical da Experiência do Real

> *Precisar de tempo significa: nada poder dispensar, ter de esperar por tudo, ser, com o Próprio, dependente do outro*
>
> ND, p. 151[58].

Rosenzweig destaca, neste momento, que nos encontramos agora propriamente no âmbito do Novo Pensamento[59]. A famosa citação tem lugar aqui: *"Não se passa no tempo, o que acontece, mas o tempo mesmo é que acontece"* (*Nicht in ihr geschieht, was geschieht, sondern sie, sie selber geschieht*) (grifo nosso)[60]. Se no primeiro livro da *Estrela* a ordem da apresentação dos temas era irrelevante, na medida em que ali se tratava ainda de certa forma de "essências", e as essências "nada querem com o tempo", agora, no segundo Livro, neste Livro intermediário, a ordem do discurso é o mais importante – "ela é já o Novo Pensamento" (*Sie ist schon selber das neue Denken*)[61].

Assim, se, por exemplo, a filosofia antiga propõe a alternativa "Determinismo-Indeterminismo", a nova segue o caminho que, levando em conta os condicionamentos do caráter dos motivos, desemboca em um momento luminoso: a escolha em um "Dever" (*Müssen*) além de toda liberdade e que ultrapassa as oscilações da alternativa original (que reduz o ser humano ou a uma mera parcela do Mundo ou a um Deus disfarçado) pela *intensidade* da facticidade real do momento em que tal se dá e *exatamente como se dá*, sem novas teorizações nem a possibilidade de uma postergação. É o tempo, o temporalizar-se, o amadurecer, a *culminância do instante*, que conduz o processo, e não sua *paralisação essencial*; é a temporalidade – *Zeitigung* – que circunscreve e fundamenta as atitudes, e não sua explanação teórica.

---

58. "Zeit brauchen heisst: nichts vorwegnehmen können, alles abwarten müssen, mit dem Eigenen vom andern abhängig sein."
59. Cf. *ND*, p. 148.
60. *Idem, ibidem*.
61. *Idem, ibidem*.

Esta filosofia feita *decorrer consciente da temporalidade*, esta "transformação do sadio entendimento humano em método do pensamento científico"[62], opõe-se, enquanto modelo, à filosofia antiga enquanto esta se constitui em uma "filosofia da admiração (*Staunen*)", aquela filosofia em que "admiração" significa "quedar-se parado", "paralisar-se (de admiração) (*Stillstehen*)", ao tempo em que se aferra (*verbeisst*) a alguma coisa e não mais gostaria de livrá-la enquanto não a "contivesse" totalmente[63]. O filósofo do novo pensamento age de outra forma: ele pode esperar, ele pode continuar a viver, não tem nenhuma "idéia fixa", pois sabe que, com o tempo, chega o verdadeiro (*kommt Zeit, kommt Rat*, ditado alemão) – esta filosofia é, em proximidade com Goethe, a "compreensão no tempo certo"[64].

Pois o Novo Pensamento sabe, tão bem como o mais sadio e elementar conhecimento humano, *que nada pode vir a conhecer fora do tempo*, ou seja, independentemente da realidade temporal,

[...] o que seria, para a filosofia até agora, o mais alto título de honra. Pois assim como não se pode iniciar uma conversa pelo seu fim ou uma guerra por um tratado de paz... ou a vida com a morte, mas, antes, é necessário que, por mais custoso que isso seja, aprender a esperar o momento certo sem ignorar nenhum momento, assim também é o conhecimento (*Erkennen*), em cada instante, ligado exatamente a este momento e não pode fazer desaparecer nem seu passado, nem seu futuro... Isto é válido para o dia-a-dia... cada um sabe que, para um médico que trata de alguém, o tratamento é o presente, a doença o passado e a constatação da morte o futuro, e sabe também que o médico não pode... desassociar do diagnóstico o conhecimento e a experiência, da terapia a coragem e a habilidade e do prognóstico o temor e a esperança[65].

Chegamos desta forma à dimensão de profundidade da realidade que se "apresenta" ao presente.

Desta forma, tão inconfundíveis, são os tempos da realidade. Assim como cada acontecimento (*Geschehen*) isolado tem seu presente, seu passado, seu

---

62. *Idem*, p. 149.
63. *Idem, ibidem*.
64. *Idem, ibidem*.
65. *Idem, ibidem*.

futuro, sem os quais ele não pode ser reconhecido ou somente o pode ser de forma distorcida, também a realidade como um todo tem seu passado e seu futuro, um contínuo (*immerwährend*) passado e um eterno (*ewig*) futuro[66].

A relação – a narração

> A palavra não é um fragmento do
> mundo. Ela é o selo do ser humano
> BÜ, p. 73

O que significa, agora, reconhecer "Deus", "Mundo", "Ser Humano"? Significa para Rosenzweig, antes de mais nada, renunciar de fato à esperança de conhecê-los enquanto meros conceitos da intelecção, enquanto *dados do pensamento* passíveis de circunscrição e de-limitação intelectual, enquanto expressões solitárias da verdade e da realidade. Significa, sim, reconhecer o que *fazem* ou o que com eles *acontece* no decorrer de seus tempos – *o que fazem um ao outro e o que com cada um acontece* no decorrer de sua temporalidade própria, fora da qual não podem, a partir de agora, nem ao menos ser concebidos. E a *separação* de suas "essências" é aqui pressuposta pois, em assim não sendo, não poderiam agir *um sobre o outro*, de forma não-solitária[67];

caso o outro fosse, em relação a mim, da "forma mais fundamental" o mesmo, como quer Schopenhauer, eu não poderia amá-lo, eu poderia apenas me amar... Deus mesmo, quando queremos apreendê-lo, esconde-se, o Ser Humano, nosso Eu (*unser Selbst*), fecha-se, o mundo se transforma em enigma. Apenas em suas relações mútuas, na criação, na revelação, na redenção eles se abrem[68].

E assim é narrada esta grande poesia do mundo em três diferentes tempos. Mas narrada, propriamente, apenas no primeiro tempo, no livro do passado. No presente, a narrativa cede lugar à interlocução (*Wechselrede*) imediata, pois do presente, Deus ou Ser Humano, não se pode falar em terceira pessoa, pode-se apenas falar-lhes ou ouvi-los. E no livro do futuro reina a linguagem do coro, pois o futuro abrange o solitário, o singular (*der Einzelne*) apenas onde e quando ele pode dizer "Nós"[69].

66. *Idem*, p. 150.
67. *Idem, ibidem*.
68. *Idem, ibidem*.
69. *Idem*, pp. 150-151.

O verbo, agora, é – exatamente – "dizer". O pensamento quer ser "sem tempo", dá-se sem tempo, fora do tempo, lida com essências eternas, quer realizar, de um só golpe, milhares de relações; "o Último, o objetivo, é seu início"[70]. Mas o dizer é temporal, ligado intimamente ao tempo, nutrido por ele (*zeitgebunden, zeitgenährt*): não pode abandonar este solo temporal, pois não pode ser "pré-dito"[71].

> O dizer vive da vida do outro, pode ser apenas ou ouvinte da narrativa, ou respondente da conversa ou co-participante do coro; o pensamento é sempre solitário, mas pode se dar também em uma comunidade de filosofantes (*Synphilosophierende*); mas, também aí, o co-partícipe apenas me coloca objeções que eu mesmo, em realidade, me deveria ter colocado – o que caracteriza a monotonia da maioria dos diálogos filosóficos, inclusive a maior parte dos platônicos[72]. Mas no diálogo real passa-se algo, eu não sei previamente o que o outro me dirá, porque eu nem ao menos sei *a priori* o que eu mesmo direi; não sei nem ao menos, talvez, se direi alguma coisa...[73]

– diferentemente com relação ao que acontece com o pensamento do pensador, sempre previamente presente: "O pensador conhece seu pensamento antes de exprimi-lo (em uma discussão filosófica); que ele o 'expresse', é apenas uma concessão à debilidade de nossa compreensão, o que significa que necessitamos... de tempo"[74]. E exatamente aí se diferencia o Novo do Antigo pensamento, que o novo necessita do Outro ou,

> o que é o mesmo, dá-se no *levar-a-sério* (*Ernstnehmen*) do tempo: pensar não significa aqui, pensar por alguém e não dizer a ninguém (nem que este "alguém" signifique, aqui, "todos", a famosa "generalidade" ou "universalidade" (*Allgemeinheit*)) [...] mas, sim, dizer *a* alguém e pensar *para* alguém, e este Alguém é sempre um Alguém muito preciso que não tem, simplesmente, ouvidos, como a generalidade, mas que possui, também, uma boca (grifos nossos)[75].

70. *Idem*, p. 151.
71. *Idem, ibidem*.
72. Lembremos a ousada afirmação de Deleuze e Guattari: "[...] o filósofo tem muito pouco prazer em discutir. Todo filósofo foge, quando ouve a frase: vamos discutir um pouco. As discussões são boas para as mesas redondas, mas é sobre uma outra mesa que a filosofia joga seus dados cifrados..." (*O que é a Filosofia*, p. 41).
73. *ND*, p. 151.
74. *Idem, ibidem*.
75. *Idem*, p. 152.

Desdobramentos: cultura e "teologia"

> [...] A diferença entre o velho e o novo pensamento expressa-se... na necessidade do Outro e, o que dá no mesmo, no levar a sério o tempo.
>
> KS, p. 387.

Relembremos agora que Rosenzweig é claro ao definir o quanto sua obra magistral, apresentada desde uma referência conceitual que sugere uma íntima dependência de aspectos "religiosos" do judaísmo, distingue-se daquilo pelo qual se entende normalmente um tratado de religião ou de teologia. "(O Novo Pensamento)... não é um pensamento teológico. Pelo menos, não o é absolutamente no sentido pelo qual esta expressão tem sido compreendida. Nem no que diz respeito aos objetivos, nem no que se refere aos meios... se isso é teologia, então em um sentido ao menos tão novo como o é filosofia"[76]. Pois

Deus não criou a religião, mas o mundo. E quando ele se revela (*offenbart*), permanece o mundo em seu lugar, melhor ainda, é neste momento que é o mundo propriamente criado. A revelação deita abaixo o verdadeiro paganismo, o paganismo da criação; a revelação apenas permite que sobreviva o milagre (*das Wunder*) da conversão e da renovação. A revelação é sempre contemporânea e, quando passado, então passado que se refere ao início da humanidade – revelação a Adão[77].

Este é o tema da segunda parte da *Estrela*, o "sempre renovado"(*allzeit erneuerte*)[78]. O livro, neste ponto, trata não de figuras espirituais ou abstratas, mas do "visível e audível, exatamente da realidade revelada"[79] – e não das formas históricas que esta categoria religiosa toma ao longo dos tempos, como Judaísmo e Cristianismo que serão, quando tratados, considerados em um nível totalmente diferente do "normal"[80].

---

76. *Idem*, pp. 152-153.
77. *Idem*, p. 153.
78. *Idem, ibidem*.
79. *Idem, ibidem*.
80. Ver acima, "As Partes da *Estrela*" – O "Fogo" e o "Irradiar".

Tem-se agora uma complexa proposição de Rosenzweig: "Apenas no sentido e nos limites em que o Judaísmo e o Cristianismo renovam a 'revelação a Adão' é que o Novo Pensamento é judaico ou cristão". *No fundo, e antes de tudo, está a realidade da* vida, *vida que é tempo e que somente pode ser* vivida no tempo. *E viver no tempo significa exatamente: levar a sério o tempo do Outro, ou seja,* amar.

Síntese Recapitulativa: Acontecimento e Revelação

Preâmbulo: da possibilidade de pensar a revelação: uma revisão

Chegamos assim, mais uma vez, ao centro da reflexão do filósofo, o espaço intermédio que, em se constituindo no centro e *coração* da *Estrela*, sintetiza formalmente os esforços do Novo Pensamento e lhe dá pleno sentido de inteligibilidade. Trata-se do conceito de "Revelação" no sentido muito especial que Rosenzweig lhe empresta. Seguiremos, na explanação a seguir, em parte, a ordenação lógica de apresentação do texto de B. Casper "Offenbarung in Franz Rosenzweigs 'erfahrendem Denken' " (*OF*).

Em que consiste, exatamente, "Revelação" no conceito de Franz Rosenzweig? Ali, no contexto desta obra tão avessa aos usos tradicionais da terminologia filosófica e religiosa, mais do que nunca se observa e se agudiza a *dificuldade* de conceber o processo de tentar "pensar" uma tal categoria – "A dificuldade em *pensar* a Revelação consiste em proceder de tal modo que o pensar permaneça 'pensar' e a 'Revelação' permaneça 'Revelação'"[81]. Pois o processo de pensar a Revelação tem se constituído, pelo menos desde a filosofia do Iluminismo, ou em "eliminar a Revelação *enquanto* Revelação, ou em... remetê-la a um âmbito de validade supra-racional e a-racional"[82]. E a dificuldade remete, em última instância, àquela dificuldade anterior e maior: como *se-*

---

81. *OF*, p. 453.
82. *Idem, ibidem.*

parar metodologicamente o pensamento do ser enquanto aberturas não arbitrárias mas concretas à historicidade, como concebê-los em uma relação que não seja de acoplamento e fusão intelectual, mas, em última análise, de relação alterativa[83].

A *"ruptura da unidade do ser frente ao problema da história"*

A colocação da questão da possibilidade de se vir a poder pensar a Revelação dá-se, no pensamento de Rosenzweig, no contexto do estudo seja do exame crítico das ciências naturais, seja em meio à problemática proposta pelo idealismo alemão[84], e se conecta, ressaltemos, com o abandono da idéia de um Ser recolhido ao apriori do pensamento em favor de uma concepção de ser *em processo de dar-se, de acontecer, de temporalizar-se*[85]. Para acompanhar um tal *acontecer,* nenhuma forma estática ou atemporalmente "essencial" de pensamento é suficiente: faz-se necessário o "pensamento experiencial" ou "filosofia experiencial" – pensamento este que se diferencia do antigo na medida em que tem como constitutivo medular a ineluctabilidade de pensar a *necessidade do Outro*, em cujo processo a temporalização do tempo se torna perfeitamente *real*. Trata-se de uma radical inversão ontológica, se assim podemos falar: "Ser" é, agora, a "temporalização", desde o "nada", que se propõe "entre" o outro e o mesmo[86]. Esta intermediação assume a forma de "linguagem", mas não uma linguagem estritamente formal ou lógica e, sim, *narrativa*[87]. E a *Estrela* é, antes de tudo, uma grande experiência narrativa, uma experiência desdobrada que pretende levar a sério a historicidade original da realidade e a história contemporânea.

Mas uma experiência narrativa não se concentra em um foco de inteligibilidade: esprai-se antes ao longo da lógica de

---

83. *Idem, ibidem.*
84. *Idem*, p. 454.
85. *Idem, ibidem.*
86. *Idem*, p. 455.
87. Cf. acima, "A Relação – A Narração".

sua própria discursividade, lógica esta que não pode, de nenhuma forma, ser *ante-vista* por algum artifício intelectual seja de que espécie for, sob pena de negar-se a si mesma. A *Estrela* foi pensada, originalmente, não sob a forma de um único livro, mas como se constituindo em uma *seqüência* de três diferentes livros, que levavam, cada um, um título com forte sugestão de "atividade" (*Tätigkeitsworte*): reconhecer (*erkennen*), vivenciar (*erleben*), orar (*erbeten*). Esta seqüência, em cuja ordem os termos não podem ser mutuamente reduzidos nem se pode inferir algum a partir de qualquer dos outros, significa simultaneamente a cisão consciente do ser parmenideano em três mútuas irredutibilidades e sua transmutação em termos de sentido, ou melhor, o reconhecimento, anteriormente ao ser *concentrado*, de três "modalidades" de exercício experiencial no qual o ser justamente "se dará"[88].

O "todo" nos protofenômenos

A organização da argumentação filosófica de Rosenzweig em torno aos tradicionais *Urphänomene* – "Protofenômenos" – da tradição filosófica corrente segue como já vimos, em linhas gerais, a concepção expressa por Kant no apêndice à dialética transcendental: Mundo, Ser Humano, Deus, tomam um sentido diverso daquele que norteia o desenvolvimento meramente "hermenêutico" destes temas; em verdade, ocupam uma função *hipotética, regulativa, heurística* no contexto do exercício da razão enquanto "experienciação categorial" que evidenciará, ao fim de seu itinerário, a *diferença* entre o "pensado" e o pensamento que o pensa, em um processo fundamentalmente *antinômico* e *paradoxal*[89]. Assim,

os Protofenômenos serão, enquanto idéias transcendentais *hipotéticas*, plenamente descritos em sua *possibilidade*, mas permanecem ao mesmo tempo, no que tange à sua *realidade*, em suspenso. Seu ser não é acessível ao pensamento, embora o pensamento se mova sempre com referência ao horizonte dos respectivos Protofenômenos universais e totais[90].

88. Cf. *OF*, pp. 455-456.
89. *Idem*, p. 456; cf. também, a nota 20, à mesma página.
90. *Idem, ibidem*.

Estamos assim chegando ao núcleo de toda esta reflexão, e que espelha, mais uma vez, a intuição original da *cisão*: na medida em que o pensamento não consegue identificar *o que* pensa, mas, apenas, *que* pensa, está rompida definitivamente a unidade idealista entre Ser e Pensar; o pensamento apenas pode situar-se em foco a cada vez, na linguagem – que é sua expressão própria e possibilidade de compreender seu *horizonte de referência* – com referência justamente *ou* ao Mundo, *ou* a Deus, *ou* ao Ser Humano[91]. E a cisão original se mostra ainda mais profunda do que pareceria à primeira vista: tanto em nível de *objeto* como em termos de *situação* e *perspectiva*, o pensamento não alcança a sonhada Unidade; e isto, porque esta Unidade não é mais do que uma *ficção* que se constrói a partir da "abstração" das referências *reais* que são utilizadas pela lógica da linguagem à medida que reflete aquilo que somente assume sentido enquanto *se separa indelevelmente* da unicidade meramente intelectual e se consubstancia em expressão da facticidade temporalizada, em "acontecimento acontecido" (*ereignetes Ereignis*).

O '"acontecimento acontecido" – história e revelação

O desdobramento por assim dizer "fenomenológico" dos três Protofenômenos, tal como o leva a cabo Rosenzweig na primeira parte da *Estrela* – sob os títulos de "Metafísica", "Metaética", "Metalógica" – não é, em realidade, mais do que um passo necessário para a aproximação do *inapreensível* pelas categorias do intelecto identificante e, no entanto expressão mais própria do real: a maturação do instante, a "temporalização acontecente"(*geschehende Zeitigung*) – que toma a forma, para o leitor e o escritor, de uma transcrição, em forma de linguagem, do *Acontecer* da Revelação[92].

Mas este "Acontecer" não se dá, obviamente, de forma teórica, no nível do pensado; sua especificidade consiste em não poder de nenhuma forma ser só pensado, como a geração de um filho *real* ou um assassinato *real* não se reduzem à

91. *Idem*, pp. 456-457.
92. *Idem*, p. 457.

sua dimensão pensada; posso pensar na geração e no assassinato, mas este pensar, este organizar de termos, conceitos e acontecimentos "ante-vistos" se constitui, apenas, no *início* – nem ao menos, sempre necessário – ou em uma instância de *retrospecção* com relação aos fatos, e não da aproximação que se pode dar do assassinato ou da geração *reais*. Pois este início de inteligibilidade ou a retrospecção inteligível do acontecido têm de, necessariamente, fixar um ponto na ordem temporal, desde o qual a realidade é *re-vista*; mas o assassinato real ou a geração real não são re-vistos, e, sim, *experienciados em seu tempo próprio e único*, totalmente irrepetível.

Da mesma forma, a idéia de "Acontecimento acontecido" no qual a revelação real se constitui não significa uma limitação do acontecer, mas, mais propriamente, um *padecer* (*Erleiden*) trazido à linguagem; *e a linguagem é fundamentalmente, para Rosenzweig, uma instância de reencontro não do Ser, mas do Tempo consigo mesmo*[93]. Pois o núcleo da realidade "*real*", ao qual a linguagem se refere, não tem como referência o modelo tradicional do Ser ocidental, síntese equacional de duas dimensões da realidade, equalização ou proto-referência a todo o pensável, e, sim, o hebraico *hjh*, palavra que significa a verbalidade de devir, tornar-se, passar-se, emergir[94].

Rosenzweig pretende já neste momento "inaugural", assim, superar o nível hipotético nos quais os Protofenômenos se constróem: "O *Selbst* metaético hipotético chega a si mesmo através de Deus, aquele Deus que, em uma relação pensada com o Outro se manteria na condição de hipotético metafísico, mas que, na relação real com o Outro, revela-se,

---

93. Cf. Anna Elisabeth Bauer, *Rosenzweigs Sprachdenken im "Stern der Erlösung" und in seiner Korrespondenz mit Martin Buber zur Verdeutschung der Schrift* (*RS*), especialmente pp. 97-321. A linguagem, na dimensão em que é compreendida como um encontro do Ser consigo mesmo, reduz-se finalmente àquilo que temos chamado "a fórmula original do Ocidente", fórmula essa em que toda verdade é subsumida e toda diferença anulada. Cf. nossa *Pequena História da Filosofia como História da Totalidade e de sua Ruptura*, de próximo aparecimento.

94. Cf. *OF*, p. 458, Nota 27.

pela inversão de sua condição hipotética, em *realmente revelado*"[95]. A palavra "Deus" não é aqui, portanto, algum tipo de reservatório para o inapreensível ou o numinoso, mas o que constitui, pela sua negação enquanto conceito, base para a relação real entre o Mesmo e o Outro, relação real esta que se constitui, por sua vez, no núcleo da Revelação. Eis que o mundo dos conceitos e dos Protofenômenos é invadido, em um determinado *instante*, pelo não-conceitual a quem todos os conceitos gostariam de ter como fundamento mais sólido: o *real*. Dois caminhos se lhes abrem, aos conceitos: ou a *Aufhebung* deste real no racional, ou a detenção de sua lógica interna própria e recepção do Novo. Esta segunda hipótese, a da linguagem em sentido não-identificante, tem, em princípio, apenas um caminho a percorrer, segundo nosso autor: o da *Negação* (*Verneinung*)[96].

Mas o que significaria, agora, Negação? Trata-se da negação corporificada no *instante* (*Augenblick*). O instante *nega, no acontecer, "a infinitude hipotética, estática de Deus"* (...*das hypothetische, ruhende unendliche Wesen Gottes*)[97] – negação que se dá não pelo instante enquanto auto-racionalidade, mas enquanto *exigência de decisão concreta*. E, através desse processo de negação, é negado "o ser humano, contra quem se choca o acontecimento, enquanto 'puro fechamento-em-si em uma pura finitude'. Através dessa negação abre-se o 'Selbst mudo' em 'alma falante'(*redende Seele*)"[98]. A partir daí, não há mais a possibilidade do retrocesso: nada pode paralisar o acontecer da realidade, já que a realidade – enquanto expressão perceptível, *vivencial* da temporalidade real, *do tempo que acontece* – não depende absolutamente, em última instância, de conceitos para existir, mas, antes, transmuta por sua vez o conjunto dos conceitos nos quais a racionalidade se apóia. O protofenômeno "Deus", abscôndito, misterioso, ameaçador, hipotético-metafísico, oferece-se enquanto reali-

---

95. *Idem*, p. 458.
96. *Idem*, pp. 458-459.
97. *Idem*, p. 459.
98. *Idem, ibidem*.

dade, nesta transmutação, como a oportunidade, ao ser humano real invertido do "Ser Humano" hipotético-metafísico, de percepção e *auto*-percepção da capacidade de efetivação do *amor* enquanto relação. E este ser humano concreto *concretiza-se*, desde o Ser Humano hipotético-metafísico, enquanto, instalado no correr da temporalidade, converte-se, de seu *status* estático e solipsisticamente pensante, de seu espaço abstrato e solitário, em oportunidade real de exercício de amor, ou seja, enquanto se autopostula concretamente como liberador do caminho onde o amor se pode dar[99]. E o que é o mundo concreto, invertido do Mundo hipotético-metafísico? É a disponibilização de oportunidades para o exercício deste amor, Criação, referência de visibilidade da Revelação[100], à disposição da criação amorosa por excelência, ponto de partida da história, o espaço onde este exercício de amor pode ultrapassar definitivamente sua mera inteligibilidade a-espacial e a-temporal.

Está, portanto, como que *inaugurado*, no decorrer infinito do real *posto em movimento*, o ponto de origem ou fulcro de impulso original (*Ursprungspunkt*)[101], o *instante de decisão* – onde, pela inquietação do tempo, a realidade pensada inverte-se em realidade acontecida – acontecente – e move, em sua primeira volta, a grande roda da realidade onde o interminável conjunto dos fatos, mais do que uma pretensa e lógica coleção de inteligíveis neutros e neutralizados na grandiosa estabilidade ordenadora dos conceitos e de suas mútuas relações, é – *faz-se* concretamente, no decorrer da temporalidade levada a sério – em verdade, uma infinita sucessão de instantes nos quais pode ter origem, pelo exercício real do amor feito movente exatamente da realidade enquanto percebida em sua constituição mais nuclear e profunda, enquanto espaço e efetivação da multiplicidade e da possibilidade da *relação*, o verdadeiramente *Novo*.

---

99. *Idem*, pp. 459-460.
100. *Idem*, p. 460.
101. *Idem, ibidem*.

Conclusões – A Irrupção do Instante e a Exigente Construção da Verdade

> O grande poder do ser humano é que tudo que ele necessita para ser humano ele já tem. Ele tem o instante
>
> BÜ, p. 98

> O filósofo cessou de ser quantité négligeable *para sua própria filosofia*
>
> SE, p. 10.

Vemos, assim, que a obra de Rosenzweig tem como nascedouro a superação do Idealismo, o que a aproxima, de uma forma ou de outra (e não apenas linearmente, no sentido de uma pretensa "herança intelectual"), daquelas de Kierkegaard, Nietzsche, Schopenhauer, entre outros. Mas suas características principais são afeitas a uma desinstalação mais contemporânea e que leva em conta, além da desarticulação do sentido de um determinado sistema idealista, seja ele qual for, a percepção da ruptura irreparável da idéia de *unidade de sentido* que habita qualquer construção puramente intelectual e *que poderia, ainda que teoricamente, vir a sustentar a univocidade de conceitos intelectuais enquanto nós de uma teia apesar de tudo ainda reconhecível como inequívoca e auto-referente,* ruptura esta que constitui a essência da possibilidade de pensar a verdade como *diversidade,* mas diversidade, pluralidade *original, anterior* ainda à unidade sintética do logos em sua dinâmica de identificação.

Porém, esta verdade "tripartida", desfusionada de uma unidade de sentido, esta pluralidade original que dá origem a todo pensamento, permanece ainda excessivamente teórica para o correr real da temporalidade em seu acontecer; trata-se, meramente, de uma referência, de um ponto de partida, e não de um ponto de chegada da reflexão. Pois a reflexão, propriamente dita, ainda nem ao menos começou: iniciará apenas no momento em que o tempo a invadir definitivamente – *no momento em que se fizer temporalidade propriamente dita, sem coagulação no presente da síntese* – e nenhuma essência – nenhuma estática determinação de Ser – permanecer nela mesma, aferrada à sua solidão auto-referente.

Como fica, agora, a questão primordial da *Verdade pós-reflexiva* – da realidade, e não do pensamento, da multiplicidade e não da inequivocidade de uma essência? Obviamente, como já sugerido e segundo a linha de pensamento do autor, não no âmbito de uma determinada e gloriosa *descoberta* de algo anteriormente velado, oculto aos poderes do intelecto, nem no sentido de uma adequação de um mundo a um intelecto ou de um intelecto ao mundo. Estas formas de conceber a questão da verdade, além de serem irremediável e dolorosamente *solitárias*, pretendem ter paralisado o tempo em seu êxtase essencial e definitivo, pertencem ao âmbito do pensamento e de sua lógica, de seu *encontro sempre reiterado consigo mesmo*. Não servem ao ser humano experiencial, plural, a serviço da linguagem e do encontro, levado de instante a instante a se reencontrar e a se perder de seu presente para um mais-além no tempo; para este, "o tempo chega ao tempo certo. Ele não necessita aguardar, até que a verdade seja alçada desde profundos fundamentos. Ela dá-se de forma próxima e ampla, à sua frente, em sua boca e em seu coração, e dá às suas mãos a oportunidade de construí-la"[102]. *Em suma, para Rosenzweig, a verdade é uma questão fundamentalmente ética, social, da práxis ética construtora da realidade enquanto esta práxis ética tem como definição, justamente, a construção compartilhada do futuro.* Todo o resto, todo o sentido do humano, desemboca nesta necessidade; as etapas anteriores não são senão esteios para que tal idéia se torne realmente inteligível.

COMO CONCLUSÃO – O TEMPO, A EXISTÊNCIA E O INSTANTE DE DECISÃO

> *A estética da capitulação social é uma estética ruim. Ela estetiza uma coisa má.*
>
> Hans Mayer[1]

> *O único modo que ainda resta à filosofia de responsabilizar-se frente ao desespero é tentar ver as coisas como aparecem desde a perspectiva da redenção; todo o demais se esgota em reconstruções e se reduz a mera técnica*
>
> Theodor Adorno, *Minima moralia*

A percepção da realidade do tempo conduz a uma leitura verdadeiramente nova da realidade; é apenas ali que a expressão *tempus fugit* pode assumir sentido humano. A finitude

---

1. *In den Ruinen des Jahrhunderts*, p. 45.

humana, enquanto descoberta e compreendida como *totalidade finita*, não é o absoluto ôntico ou o definitivo parâmetro ontológico – como o pensa um século desalentado –, mas é o *limite extremo das possibilidades – e, definitivamente, das impossibilidades – da solidão*. O reencontro com o humano passa definitivamente pela *retemporalização* do espaço[2].

A estética da capitulação social é a crença na eternidade do tautológico, e isso em todos os níveis imagináveis. A substituição da realidade – plena de movimento real e relações e suas oportunidades – por uma idéia de eternidade estática, fechada, *ou* – o que está talvez mais ao corrente deste difícil final de século – pelo mau paradoxo de um *frenetismo estático*, colorido e "virtual", expressão final e desesperada do tempo patologizado, estas substituições são as tentações ultramodernas, "pós-modernas", frutos tardios da gestação do desespero que se dá, retrospectivamente, já na origem solitária da racionalidade ocidental, e que se atualiza na implosão contemporânea desta solidão, em tons grandiloqüentes (guerras mundiais, guerras relâmpagos) ou velados (o profundo desespero individual que habita as mônadas assustadas que constituem nossa sociedade e também, parafraseando o título do célebre quadro de G. Grosz, se estatuem em "os pilares da nação"). Pois nosso tempo não é muito diferente do de Grosz: tem também poucas alternativas, debate-se com o sem-sentido, projeta seu desespero em violência de todos os tipos, da mais sutil à mais aberta. Pois trata-se, enfim, do *mesmo mundo:* o Mundo herdeiro do exercício da Totalidade agora, definitivamente, em processo de desagregação.

O objetivo final da Totalidade enquanto tautologia é a substituição da linguagem por uma Fórmula e da temporalidade por uma Eternidade vazia; só assim estaria definitivamente a salvo de surpresas. Mas a questão é que não há como conceber o mundo ou a realidade senão sob a ótica da surpresa;

---

2. A respeito da "espacialização do tempo" e conseqüente horizontalização indiferenciada dos significantes, veja-se Fredric Jameson, *Pós-Modernismo – A Lógica Cultural do Capitalismo Tardio*, pp. 52 e ss. Temos tratado deste assunto em diversas oportunidades, como por exemplo em *O Tempo e a Máquina do Tempo...*, op. cit.

pois a realidade fala muitas línguas, nem todas compreensíveis de imediato – ou melhor: a realidade "é" uma multiplicidade infinita de linguagens e sua possibilidade de encontro e de cruzamento. Portanto, em sentido mais profundo, a Totalidade é a *negação da realidade através da afirmação de uma fantasmagoria estática e 'neutra' que a substituísse e fosse inteiramente controlável*. É este universo nebuloso dos meios-tons que se traduz em violência e auto-violência, pois nada pode existir de mais violento do que uma "neutralidade" que nega à realidade a sua possibilidade de ser exatamente, *diferente*, de como é concebida. Procurando a si mesma no mais profundo de sua solidão, a mônada flagra apenas seu próprio vazio.

Contemporaneidade e Desagregação

> A Segunda Guerra Mundial... foi a maior catástrofe provocada pelo homem em toda sua história. Envolveu setenta e duas nações e foi travada em todos os continentes... número de mortos superou os cinqüenta milhões... Como bem disse o historiador R. C. Parker: "O conceito que a humanidade tinha de si nunca voltará a ser o mesmo"
>
> VOLTAIRE SCHILLING[3]

> Se o tempo foi... reduzido à violência mais pontual e à mínima mudança irreparável de uma morte abstrata, então possamos talvez afirmar que no pós-modernismo o tempo, de alguma forma, tornou-se espaço
>
> FREDRIC JAMESON[4]

O mero espaço desutilizado pelo humano: talvez a última forma do estático e do tautológico. De campo de ação a

---

3. *Segunda Guerra Mundial*, pp. 9-10.
4. *As Sementes do Tempo*, p. 35.

campo de *desolação,* desencanto e morte. É aí que pode iniciar a revolução do sentido: concedendo ao tempo o que é do tempo, e ao espaço o que é do espaço – pois não são ordens intercambiáveis. Sem esta revolução, nada mais terá sentido para o tempo, ou seja, para o humano. Os fragmentos rolam e viram poeira nos espaços mortos: a impressão é de que a vida é substituível por sua idéia colorida. Quanto mais cores, mais vazio; quanto mais onipresença do estático, quanto mais consumo, quanto mais propaganda, quanto mais injustiça, mais morte. Estamos em tempo do primeiro sopro da *Estrela:* a morte conduz o ser a seus próprios e inadiáveis limites: oportunidade de *início.*

Vida

> *O tempo certo está aí.*
> BÜ, p. 105

> *Mas para onde abre-se a porta?*
> *Tu não sabes?*
> *À vida.*
> A Estrela da Redenção,
> p. 472, última frase.

"Resumamos: o tempo, enquanto horizonte transcendental da realidade, dá-se na necessidade (*im Bedürfen*) do Outro. Sociedade e história passam-se na necessidade do Outro. Sociedade e história, nelas incluído o trato com o fundamento do mundo, dão-se na necessidade do Outro"[5]. Aí está a síntese final do mais profundo de Rosenzweig: o redimensionamento da realidade a partir da reorientação do *sentido* desde a Alteridade, a negação da violência que subjaz a todo tipo de exploração – "o capitalismo é, enquanto sistema, ...execrável (*verdammenswert*) como a escravidão... Há que ser substituído"[6]. Toda a exploração, da escravidão como do capitalismo

---

5. B Casper, *Zeit – Erfahrung – Erlösung: Zur Bedeutung Rosenzweigs angesichts des Denkens des 20. Jahrhunderts*, p. 22.
6. *KS*, p. 416.

como de qualquer tipo de totalitarismo, violência ou preconceito, negam o fundamento primigênio da realidade: sua infinita multiplicidade; estes sistemas e cosmovisões totalizam-se e concentram-se delirantemente em si mesmos, hetero e autofágicos: seu sentido depende de si mesmo, de sua autoreferência, de sua absoluta solidão. *Todos os sistemas de exploração do particular, do diferente, não são senão a decorrência prática da solidão elevada a princípio metafísico, contrariando a priori as condições primigênias de ocorrência real do humano. Como tal, têm de ser, também a priori, afastados do horizonte de referência da realidade humana em todas as suas dimensões.* Não há "corretivo" teórico capaz de adequar o essencial do humano àquilo que o nega (o que, aliás, bem o mostram as práticas decorrentes de tais teorias); as aparências neste sentido não são mais do que fantasmagorias ideológicas e carentes de sentido real. O fato destes "corretivos" se espraiarem como fungos não indica uma alteração do essencial do humano, mas o grau de decomposição a que a solidão dos sistemas e das mônadas conduziu a própria *idéia de sentido* do humano, transformando-o em uma sombria procissão de espectros consumistas e desencantados, em meio à destruição, às sobras, ao lixo e ao desnecessário: uma espantosa escatologia negativa, uma profunda perversão do sentido que significa, em uma leitura mais analítica, uma distorção da leitura da concretude, da realidade e do *tempo. Hoje, mais do que nunca, é necessário reconduzir a roda do tempo ao seu movimento humano,* pela desarticulação do que a emperra: a solidão, a má eternidade do tautológico, a violência da "neutralidade". A *superação* das diferenças cosméticas que tudo lançam no abismo do indiferenciado: eis a questão que Rosenzweig está a propor. Uma questão absolutamente fundamental de sobre-*vivência*: a mais fundamental condição da *vida*.

A imensa obra de síntese elaborada por Rosenzweig não é compreensível sem que se compreenda concomitantemente as circunstâncias muito especiais em que esta se dá. Ela se constitui, talvez, na última e mais grandiosa construção no sentido de uma aproximação real e efetiva de duas culturas profundamente diversas: a judaico-assimilada e a cristã-européia do início do século XX[7]. A tentativa magistral do autor – objetivar em uma linguagem até mesmo *agressiva*[8] o que cada uma destas perspectivas humano-civilizatórias tinha de mais precioso e mais próprio, deveria fracassar definitivamente em termos terrivelmente práticos e desencorajantes menos de vinte anos depois; mas o magistral esforço deste gênio permanece inequívoco e derrama-se para fora de seus limites e circunstâncias de nascimento. Todas as forças da racionalidade humana estão ali mobilizadas; mas todas referem-se a um só eixo: ou se descobre o *di*-álogo, a alteridade por entre as infinitas camadas interpenetrantes da realidade, ou o mundo permanecerá uma espécie de quimera destilada a partir da rotação desesperada do Logos abandonado a si mesmo, em sua definitiva solidão; ou se descobre a possibilidade *real* da linguagem, ou a sentença é pronunciada *por um só* e se desdobra, necessária e inequivocamente, em um processo de total auto-asfixia e totalização em si mesma. O impasse foi explicitado por Rosenzweig de uma forma, parodiando Fichte, "clara como a luz do sol".

Mas esta clareza não se resume à sua auto-explicitação; pelo contrário, é na impossibilidade de uma explicitação total que ela dá à luz todo seu potencial em processo de crescente desdobramento – no processo de saída da solidão concentrada em si mesma através do resgate da responsabilidade inter-humana. É aí, na verdadeira unidade da *responsabilidade resgatada*, no quanto de responsabilidade humana que pode ser concebível, que desemboca o conjunto dos esforços de Rosenzweig, que estes se tornam plausíveis, para além de termos como "revelação" ou "temporalidade"; é unicamente no *sentido* da alteridade que o *sentido* da ação e do pensamento se pode legitimar[9].

* * *

7. Cf. a respeito destas aproximações, o notável estudo de Michael Löwy, *Redenção e Utopia – O Judaísmo Libertário na Europa Central*, bem como nosso citado trabalho *Tensão e Construção...*
8. Veja-se o irônico-filosófico *Büchlein des gesunden und des kranken Menschenverstandes* (*BÜ*).
9. Cf. Bernhard Casper, *Responsability Rescued*, pp. 89 e ss.

Terá sido Rosenzweig um genial e incorrigível otimista, talvez o *último* deles? Esta é, provavelmente, uma conseqüência necessária a se tirar de sua obra, *uma obra que não poderia dizer o que disse a não ser, exatamente, no tom assertórico em que o disse*. Otimista, sim, mas não ingênuo; de um otimismo que se insere na última possibilidade de pensar *não só a realidade, mas o próprio pensamento que a pensa*. Estamos aqui – como muito do que se produziu ao longo deste difícil século XX – em uma situação clara de *limites*.

Qual é, agora, se podemos dizer assim, e fiéis à ciclicidade que conduziu todo este trabalho, o mais profundo e essencial de sua vasta construção? Certamente, não a infinita sutileza que utiliza para conduzir o leitor ao cerne dos problemas de que trata; nem a erudição monumental com que cada um dos temas que merecem sua atenção são tratados. O que está em jogo, a grande e inadiável de sua obra, é a expressão de uma oportunidade de *passagem*; passagem de um mundo onde o estático, em seus últimos estertores, como que exige que a roda do tempo seja, novamente, posta em movimento. Assim, Rosenzweig é o artífice maior de uma passagem: da lógica do Mesmo à realidade do Outro – do estático, em si mesmo auto-referido e auto-formulado, ao humanamente temporalizado. Esta é a medula de sua obra; quando fala em entendimento sadio e doente, não tem em vista mais do que isso: da doença da *solidão original* do ser feito fórmula à saúde do ser que só "é" em *relação com o Outro,* ou seja, a saúde que *relativiza* definitivamente a ontologia e alarga a possibilidade real de um encontro real. Vida: este é o mundo cuja construção Rosenzweig propôs; que não seja, apesar de tudo, tarde demais para que se possa, finalmente, assumi-la em todas as suas conseqüências possíveis.

BIBLIOGRAFIA

A Bibliografia de Rosenzweig mais completa até agora publicada data de 1995, sob os cuidados de L. Anckaert e B. Casper, sob o título *An Exhaustive Rosenzweig Bibliography – Primary and Secondary Writings*, Leuven, Bibliotheek van de Faculteit Godgeleerdheid (Instrumenta Theologica XIV). Apresenta, até 1995, 1350 títulos organizados ao longo de 164 páginas.

I. Obras Citadas de Franz Rosenzweig

Das Büchlein des Gesunden und Kranken Menschenverstandes.
   Frankfurt am Main, Jüdischer Verlag, 1992. (*BÜ*)
Hegel und der Staat. Aalen, Scientia Verlag, 1982. (*HS*)
Zweistromland – Kleinere Schriften zu Glauben und Denken
   (Gesammelte Schriften III). Dordrecht/Boston/Lancaster,
   Martinus Nijhoff Publishers, 1984. (*KS*), – Onde se encontram
   os textos *'Urzelle' des Stern der Erlösung* (*UZ*) e *Das neue
   Denken* (*ND*).

Der Stern der Erlösung. Frankfurt am Main, Suhrkamp, 1996. (*SE*)

II. Outras Obras

ADORNO, Theodor. W. *Minima Moralia*. Madrid, Taurus, 1987.
ADORNO,T. & HORKHEIMER, M. *Dialética do Esclarecimento*. Rio de Janeiro, Zahar, 1986.
ALTER, Robert. *Anjos Necessários – Tradição e Modernidade em Kafka, Benjamin e Scholem*. Rio de Janeiro, Imago, 1992.
BAECK, Leo. *Das Wesen des Judentums*. Wiesbaden, Fourier Verlag, 1995.
BARON, Salo W. *História e Historiografia*. São Paulo, Perspectiva, 1974.
BAUER, Anna Elisabeth. *Rosenzweigs Sprachdenken im 'Stern der Erlösung' und in seiner Korrespondenz mit Martin Buber zur Vedeutschung der Schrift*. Frankfurt am Main u. a., Peter Lang, 1991.
BERGSON, Henri. "A Consciência e a Vida". In: *Bergson – Os Pensadores*. São Paulo, Abril Cultural, 1977.
BORRIES, Achim von. (org.), *Selbstzeugnisse des Deutschen Judentums 1870-1945*. Frankfurt am Main, Fischer, 1962.
CASPER, Bernhard. *Das Dialogische Denken – Eine Untersuchung der Religionsphilosophischen Bedeutung Franz Rosenzweigs, Ferdnand Ebners und Martin Bubers*. Freiburg, 1967.

_____ . "Erfahrung und Liebe" In: LICHARZ, W. (Hrsg.) *Lernen mit Franz Rosenzweig*, Frankfurt am Main, Haag+Herchen Verlag (Arnoldshainer Texte), 1984, pp. 94-111.

_____ . "Franz Rosenzweigs Kritik an Martin Bubers 'Ich und Du'". In: LICHARZ, W. (Hrsg.) *Lernen mit Franz Rosenzweig*. Frankfurt am Main, Haag+Herchen Verlag (Arnoldshainer Texte), 1984, pp. 273-291.

_____ . "Zeit – Erfahrung – Erlösung – Zur Bedeutung Rosenzweigs angesichts des Denkens des 20. Jahrhunderts". In: *Der Philosoph Franz Rosenzweig*. Kasseler Universitätsreden 2, Kassel, 1987, pp. 16-32.

_____ . "Offenbarung in Franz Rosenzweigs 'Erfahrendem Denken'". In: *Archivio di filosofia* nº 1-3 (1994), pp. 453-465.

_____ . "*Ereignis* (Acaecimiento) en la Concepción de Franz Rosenzweig y en el Pensamiento de Martin Heidegger". In: *Escritos de Filosofía*. Buenos Aires, 1996, nº 29-30, pp. 3-20.

_____ . "Sulla Preghiera – Considerazioni su Franz Rosenzweig Confrontato con Emmanuel Levinas". In: MORETTO, Giovanni (org.). *Preghiera e Filosofia*. Brescia, Morcelliana, 1991, pp. 269-283.

_____. "Temporalità ed Escatologia nel Pensiero di Franz Rosenzweig". In: *Temporalità ed Escatologia – Atti del Primo Colloquio su Filosofia e Religione*. Torino, Marietti, 1986, pp. 99-120.

_____. "La Prière comme être Voué à l'au-delà de l'essence – Quelques Considerations sur Rosenzweig dans la Perspective de l'oeuvre de Lévinas". In: GREISCH, Jean & ROLLAND, Jacques (orgs). *Emmanuel Levinas – L'éthique Comme Philosophie Première* – Colloque de Cersy-la-Salle, La nuit surveilée. Paris, 1993, pp. 259-271.

_____. "Korrelation oder ereignetes Ereignis? Zur Deutung des Spätwerkes Hermann Cohens durch Franz Rosenzweig". In: MOSÈS, Stéphane & WIEDEBACH, Hartwig (orgs). *Hermann Cohen's Philosophy of Religion*. Hildesheim-Zürich-New York, Georg Olms Verlag, 1997, pp. 51-69.

_____. "Responsability Rescued". In: MENDES-FLOHR, Paul (org.). *The Philosophy of Franz Rosenzweig*. Hannover/London, Brandeis University Press, 1988, pp. 89-106.

CHALIER, Catherine. *Lévinas – a Utopia do Humano*. Lisboa, Instituto Piaget, s/d.

_____. *Pensées de l'Eternité – Spinoza, Rosenzweig*. Paris, Editions du Cerf, 1993.

COHEN, Hermann. *Die Religion der Vernunft aus der Quelle des Judentums*. Wiesbaden, Fourier Verlag, 1995.

DELACAMPAGNE, Christian. *História da Filosofia no Século XX*. Rio de Janeiro, Jorge Zahar Editor, 1997.

DELEUZE, Gilles & GUATTARI, Felix. *O que é a Filosofia?* Rio de Janeiro, Editora 34, 1992.

FABRIS, Adriano. *Linguaggio della Rivelazione – Filosofia e Teologia nel Pensiero di Franz Rosenzweig*. Genova, Marietti, 1990.

FUCHS, Gotthard & HENRIX, Hans Hermann (orgs.). *Zeitgewinn – Messianisches Denken nach Franz Rosenzweig*. Frankfurt am M., Knecht, 1987.

GIDAL, Nachum T. *Die Juden in Deutschland von der Römerzeit bis zur Weimarer Republik*. Köln, Könemann Verlag, 1997.

GUINSBURG, J. (org.). *O Judeu e a Modernidade*. São Paulo, Perspectiva, 1970.

HARTMANN, Nicolai. *A Filosofia do Idealismo Alemão*. Lisboa, Fundação Calouste Gulbenkian.

HEGEL, G. W. F. *A Razão na História*. Lisboa, Edições 70, 1995.

HOBSBAWN, Eric. *Era dos Extremos – O Breve Século XX*. São Paulo, Companhia das Letras, 1995.

JAMESON, Fredric. *As Sementes do Tempo*. São Paulo, Ática, 1997.

JANIK, A & TOULMIN, S. *A Viena de Wittgenstein*. Rio de Janeiro, Campus, 1991.

JOHNSON, Paul. *História dos Judeus*. Rio de Janeiro, Imago, 1989.

KAUFMANN, Yehezkel. *A Religião de Israel*. São Paulo, Perspectiva / Edusp / Associação Universitária de Cultura Judaica, 1989 (Coleção Estudos; vol. 114).

LESCOURRET, Marie-Anne. *Emmanuel Levinas*. s/l, Flammarion, 1994.

LEVINAS, Emmanuel. *Difficile Liberté – Essais sur le Judaisme*. Paris, 1976.

_____. *Hors Sujet*. Montpellier, Fata Morgana, 1987.

_____. *A l'heure des Nations*. Paris, Editions du Minuit, 1988.

_____. *De Dieu qui vient à l'idée*. Paris, Vrin, 1986.

_____. *Entre nós – Ensaios sobre a Alteridade*. Petrópolis, Vozes, 1997.

_____. *Da Existência ao Existente*. Campinas, Papirus, 1998.

LOPEZ, Luiz Roberto. *História do Século XX*, Porto Alegre, Mercado Aberto, 1987.

LÖWY, Michael. *Redenção e Utopia*. São Paulo, Companhia das Letras, 1989.

_____. *Romantismo e Messianismo*. São Paulo, Perspectiva / Edusp, 1990.

MARION, Jean-Luc. *L'idole et la Distance*. Paris, le Livre de Poche.

MATE, Reyes. *La Razón de los Vencidos*, Barcelona, Anthropos, 1991.

MAYER, Hans. *In den Ruinen des Jahrhunderts*. Frankfurt am Main, Suhrkamp, 1997.

MAYER, Reinhold. *Franz Rosenzweig – eine Philosophie der Dialogischen Erfahrung*. München, Kayser Verlag, 1973.

_____. "Einführung" a Rosenzweig, Franz. *Stern der Erlösung*. Frankfurt am Main, Suhrkamp, 1996.

MOSÈS, Stéphane. *System und Offenbarung – Die Philosophie Franz Rosenzweigs*. München, Wilhelm Fink Verlag, 1985.

_____. *Spuren der Schrift – Von Goethe bis Celan*. Frankfurt am Main, Jüdischer Verlag, 1988.

_____. *L'ange de l'histoire. Rosenzweig, Benjamin, Scholem*. Paris Editions du Seuil, 1992.

MÜNSTER, Arno (org.) *La Pensée de Franz Rosenzweig. Actes du Colloque Parisien Organisé à l'occasion du Centenaire de la Naissance du Philosophe*. Paris, PUF, 1994.

POLIAKOV, Léon. *De Voltaire a Wagner*. São Paulo, Perspectiva, 1985.

_____. *A Europa Suicida: 1870-1933*. São Paulo, Perspectiva, 1985.

RICHARD, Lionel (org.), *Berlim, 1919-1933 – a Encarnação Extrema da Modernidade*. Rio de Janeiro, 1993.

ROMBACH, Heinrich. *Phänomenologie des gegenwärtigen Bewusstseins*. Freiburg/München, Alber, 1980.

SCHELLING, *Philosophie der Offenbarung: 1841-1842*. Frankfurt am Main, Suhrkamp, 1993.

SCHILLING, Voltaire. *O Nazismo*. Porto Alegre, UFRGS.

_____. *Segunda Guerra Mundial*. Porto Alegre, Movimento, 1986.

SCHMIED-KOWARZIK, Wolfdietrich. *Franz Rosenzweig – Existentielles Denken und gelebte Bewährung*. Freiburg / München, Alber, 1991.

SCHOLEM, Gershom. *Judaica I*. Frankfurt am Main, Suhrkamp, 1997.

SCHORSKE, Carl. *Viena Fin-de-Siècle – Política e Cultura*. São Paulo, Companhia das Letras, 1988.

SORJ, Bernardo & GRIN, Monica (orgs.). *Judaísmo e Modernidade: Metamorfoses na Tradição Messiânica*. Rio de Janeiro, Imago, 1993.

SOUZA, Ricardo Timm de. *Totalidade & Desagregação. Sobre as Fronteiras do Pensamento e suas Alternativas*. Porto Alegre, Edipucrs, 1996.

_____. *O Tempo e a Máquina do Tempo – Estudos de Filosofia e Pós-Modernidade*. Porto Alegre, Edipucrs, 1998.

_____. *Filosofia Mínima: Fragmentos de Fim-de-Século*. Porto Alegre, Pyr Edições, 1998.

_____. *Wenn das Unendliche in die Welt des Subjekts und der Geschichte Einfällt – Ein Metaphänomenologischer Versuch über das Ethische Unendliche bei Emmanuel Levinas*. Freiburg i. Br., Tese Dout., 1994.

_____. "Sistema e Totalidade – Sobre Idealismo, Cientificismo e Totalização no Contexto da Ecologia e da Filosofia da Natureza" in: *Ambiente & Educação – Revista de Educação Ambiental*, nº 1, Rio Grande / RS, 1996.

THEUNISSEN, Michael. *Der Andere. Studien zur Sozialontologie der Gegenwart*. Berlin, de Gruyter, 1965.

WEHR, Gerhard. *Martin Buber*. Reinbeck bei Hamburg, Rowohlt Verlag, 1968.

SOBRE O AUTOR

Ricardo Timm de Souza doutorou-se em filosofia com tese sobre a ética da alteridade. Além de cultivar vários interesses acadêmicos, principalmente a música e as ciências, dedica-se atualmente de forma especial à ética e à estética na filosofia e na literatura do século XX e às questões culturais deste fim de século. Professor da PUCRS de Porto Alegre, publicou *Totalidade & Desagregação – Sobre as Fronteiras do Pensamento e suas Alternativas* (1996); *O Tempo e a Máquina do Tempo – Estudos de Filosofia e Pós-Modernidade* (1998); *Filosofia Mínima: Fragmentos de Fim-de-Século* (1998); *Sujeito, Ética e História – Levinas, o Traumatismo Infinito e a Crítica da Filosofia Ocidental* (1999) e *Metamorfose e Extinção – sobre Kafka e a Patologia do Tempo* (1999), além de vários outros estudos.

FILOSOFIA NA PERSPECTIVA

Texto / Contexto I
  Anatol Rosenfeld (D007)
O Socialismo Utópico
  Martin Buber (D031)
Filosofia em Nova Chave
  Susanne K. Langer (D033)
Sartre
  Gerd A. Bornheim (D036)
O Visível e o Invisível
  M. Merleau-Ponty (D040)
A Escritura e a Diferença
  Jacques Derrida (D049)
Linguagem e Mito
  Ernst Cassirer (D050)
Mito e Realidade
  Mircea Eliade (D052)
A Linguagem do Espaço e do Tempo
  Hugh M. Lacey (D059)
Estética e Filosofia
  Mikel Dufrenne (D069)
Teoria e Realidade
  Mario Bunge (D072)
Fenomenologia e Estruturalismo
  Andrea Bonomi (D089)
A Cabala e seu Simbolismo
  Gershom G. Scholem (D128)

As Escrituras e o Tempo
  Cesare Segre (D150)
Do Diálogo e do Dialógico
  Martin Buber (D158)
Física e Filosofia
  Mario Bunge (D165)
Visão Filosófica do Mundo
  Max Scheler (D191)
O que É uma Universidade?
  Luiz J. Lauand (D205)
Conhecimento, Linguagem, Ideologia
  Marcelo Pascal (D213)
Notas para uma Definição de Cultura
  T. S. Eliot (D215)
Existência em Decisão
  Ricardo Timm de Souza (D276)
Dewey: Filosofia e Experiência Democrática
  M. Nazaré de Camargo Pacheco Amaral (D229)
Romantismo e Messianismo
  Michel Löwy (D234)
Texto / Contexto II
  Anatol Rosenfeld (D254)

Homo Ludens
  Johan Huizinga (E004)
Gramatologia
  Jacques Derrida (E016)
Filosofia do Estilo
  G. G. Granger (E029)
Lógica do Sentido
  G. Deleuze (E035)
História da Loucura
  Michel Foucault (E061)
Teoria Crítica I
  Max Horkheimer (E077)
A Artisticidade do Ser
  Evaldo Coutinho (E097)
Dilthey: Um Conceito de Vida e uma Pedagogia
  M. Nazaré de Camargo Pacheco Amaral (E102)
Tempo e Religião
  Walter I. Rehfeld (E106)
Kósmos Noetós
  Ivo Assad Ibri (E130)
História e Narração em Walter Benjamin
  Jeanne Marie Gagnebin (E142)
Ensaios sobre a Liberdade
  Celso Lafer (EL38)
O Tempo Não-Reconciliado
  Peter Pál Pelbart (E160)